俗语说："世人盼儿大，儿大不由爹。"

进入青春期的男孩，少年的稚气、可爱将被青春期所特有的个性和叛逆所取代。此时，父子该如何面对？

爸爸说给青春期儿子的秘密话

今天的男孩，明天的男人。

沧浪◎编著

中国妇女出版社

图书在版编目(CIP)数据

爸爸说给青春期儿子的秘密话 / 沧浪编著. — 北京：中国妇女出版社，2011.10

ISBN 978-7-5127-0308-7

Ⅰ.①爸… Ⅱ.①沧… Ⅲ.①男性-青春期-家庭教育 Ⅳ.①G78

中国版本图书馆CIP数据核字(2011)第189353号

爸爸说给青春期儿子的秘密话

作　　者：沧　浪　编著
责任编辑：万立正
封面设计：樊　帆
插画绘制：樊　帆
责任印刷：王卫东
出版发行：中国妇女出版社
地　　址：北京东城区史家胡同甲24号　　邮政编码：100010
电　　话：(010) 65133160（发行部）　　65133161（邮购）
网　　址：www.womenbooks.com.cn
经　　销：各地新华书店
印　　刷：小森印刷（北京）有限公司
开　　本：170×240　1/16
印　　张：20
字　　数：230千字
版　　次：2011年11月第1版
印　　次：2018年6月第13次
书　　号：ISBN 978-7-5127-0308-7
定　　价：35.00元

前 言

男孩青春期一般是指从11或12岁开始到20岁左右的一段时期。男孩进入青春期一般要比女孩晚一两年。这一时期是男孩身心变化剧烈，身体和心理都逐渐发育成熟，人生观、价值观和个性等都逐渐定型的重要时期。

对于男孩来说，青春期是人生最美丽的“花季”，但青春期也会成为恼人的“雨季”。在这一时期，每个男孩都会对现实和未来有着很多美好的憧憬，但也会产生许多烦恼和困惑。青春期是一个特殊的时期，很多人，包括心理学家和教育学家，给青春期起了各种不同的别名，比如“心理断乳期”、“急风暴雨期”、“第二反抗期”、“多事之秋”、“危机时期”等等。

对男孩的一生而言，青春期有着重大而深远的影响：

青春期是一个身心迅速发展的时期，男孩无论是在身体上还是在心理上都出现了剧烈的变化和发展；

青春期是面临种种挑战和难题的时期，身心发展的矛盾、个性发展的任务、性意识和性心理发展的冲突、社会性发展的课题等等都给男孩带来重重压力；

青春期是由儿童向成人过渡和转折的时期，青春期男孩处于半儿童半成人、半成熟半幼稚的状态，他们会面临许多“边缘人”的无奈和困惑；

青春期是一个心理动荡多变的时期，每一个青春期男孩在面对内在和外在的种种变化时，内心总有不同程度的躁动不安……

对于青春期男孩而言，在身体发育和心理发展、异性交往、日常生活、学习、交友等各个方面，会面临许多与青春期女孩不一样的挑战和难题，会面临许多现实的诱惑和身心的“危险”。“生了男孩怕学坏”，很多父母的这种担心并非是毫无根据的“瞎操心”。可以说，青春期是男孩最容易“学坏”、最容易出现问题的时期。青春期男孩更渴望独立，更渴望摆脱成人的束缚和管制，更渴望成为自立自主的男子汉，但迫于经验和能力所限，他们渴望独立自主的愿望常常受到阻碍，他们选择的路也容易出现偏差，他们在面对很多问题时容易冲动，致使他们在成长的路途中会走一些弯路。太多的事例说明，“问题男孩”更多的是处于青春期的男孩，太多成人不愿意男孩发生的事情都发生在男孩的青春期。

心理学家指出，人在每一个年龄阶段，都有不同的人生发展课题，如果某一个年龄阶段的发展任务不能顺利完成，就会极大地影响他在下一个年龄阶段，甚至以后一生的成长和发展。男孩如果不能顺利完成青春期的人生发展任务，就有可能影响他成人后的学习、工作、生活、恋爱婚姻，阻碍他成年，乃至中年、老年的事业成功和生活、家庭幸福，甚至会给自己、给家人、给社会都带来不同程度的危害。

男孩要顺利地度过青春期，就要了解自己在青春期身体和心理会发生哪些变化，要以科学的态度面对青春期遇到的各种问题，学会正确地处理青春期发生的各种内心矛盾和冲突，正确地解决青春期的各种难题和困惑。

因为同样曾经走过青春期，爸爸对各种青春期男孩的问题会有更多的感触和体悟。因此，本书以爸爸的口吻讲述男孩可能会遇到的各种青春期问题，帮助男孩顺利度过青春期。本书内容涉及男孩的身体发育、心理发展、学业、交友、异性交往、生活等各个方面，具体来说，讲述了以下10个方面青春期男孩会面临的问题：坦然面对身体上的变化、解除各种心理障碍、理智对待青春期恋爱、正确应对学业的压力、建立真正的友谊、正确对待日常生活中的各种诱惑、合理理财和消费、有效利用网络、了解异性、做好青春期保健等，适合父子共读，相信会帮助青春期男孩解除很多成长中的烦恼和困惑，顺利度过人生的“雨季”，打造绚烂多彩的“人生花季”。

目录

第1章 青春发育：儿子，这些身体的变化都是正常现象/1

他年今日为青帝：从“非典型男人”到“man”的蜕变/2

脖子上长了喉结不用怕/6

遗精——男子汉成熟的标志/9

嗓音为什么突然变粗了/11

男孩子如何“战痘”/14

“头发”怎么长到下面了/18

如何对待难闻的汗臭味/20

“小弟弟”怎么总要“挺立”/23

适应体型和体重的激增/26

青春期男孩的乳房变化/29

不用为长出来的体毛焦虑/31

第2章 少年情怀：早恋没有罪，你只是“被爱打扰了”/35

早恋是一朵带刺的玫瑰/36

男孩子如何度过“异性好感期”/39

为什么一见女生就脸红/42
收到女生的“情书”，怎么办/44
“相思豆”已经发芽了，该怎么办/48
怎样才能走出失恋的泥沼/51
男女生之间真的没有友谊吗/55
性幻想不说明你是坏孩子/58
不因自己的性冲动而伤害了她/61
了解避孕的相关知识/64
浪漫骑士：用性开放颠覆性道德？/67

第3章 调整心态：把烦恼抛在脑后，与心理问题说“再见”/71

青春期孩子为什么容易烦躁/72
如何防治青春期抑郁症/76
为什么总想和父母对着干/79
儿子，不要害怕失败/82
怎样让自卑远离自己/85
和同学攀比的心理要不得/88
如何远离青春期厌食症/91
青春年少，应该和孤独绝缘/94
男子汉，没有什么可害羞的/97

怎样才能根除嫉妒的“毒瘤”/100
别让恨意萌生，理智才让你更具男性气质/103

第4章　人际关系：

结交真正的朋友，享受友情的阳光雨露/107

如何让同学更喜欢你/108
怎样才算够“哥们儿义气”/110
和朋友打架了，怎么办/113
男孩为什么会崇拜黑老大/116
多参加有意义的同学聚会/118
如何巧妙地向朋友道歉/121
怎样才能交到真正的朋友/123
男孩子为什么要让着女孩子/126
如何拒绝别人的不正当要求/128
老师是最可信赖的朋友/131
该怎样对待同学间的“有偿帮助”/134
别疏远爸爸，他对你的成长有着非凡的意义/136

第5章 好好学习：

提高效率，度过最为重要的“成绩突变期”/141

青春期为什么会厌烦学习/142
儿子，学习是为了你自己/145
如何化解学习的压力/147
让写作文成为一件轻松的事/150
打败英语这只“纸老虎”/153
克服糟糕的“健忘症”/157
考试作弊千万不可为/159
逃学——逃掉的是未来的幸福/162
如何面对“考试焦虑症”/165
制订学习计划是非常关键的一步/169
认真预习——走在学习的前面/172
及时复习——不能“狗熊掰棒子”/175

第6章 日常生活问题：

不要涉足这些“危险禁区”/179

吸烟——这不是酷，是对自己的伤害/180
喝酒——酒量不是衡量男子汉的标准/182

涉“黄”——拒绝黄色书刊和黄色网站的诱惑/184
偷窃——会让你前脚走出校门，后脚踏进牢门/187
文身——虽然文在皮肤上，但会在心里留下疤痕/189
离家出走不是解决问题的办法/191
男孩子如何面对校园暴力/193
不要把粗话当成口头禅/196
撒谎很简单，但代价很大/198
追星一定要适可而止/200
“伪娘”——那是一种被荼毒的审美观/202

第7章 正确对待网络：让网络成为帮手，而不要成为“杀手”/205

长时间上网有哪些危害/206
男孩迷恋网络游戏，该怎么办/208
为什么喜欢网上倾诉/211
在自己心中建起“绿坝”/214
遭遇网恋该怎么办/217
一定要警惕网络骗局/220

第8章 不乱花钱：

每一分钱都来之不易，要珍惜父母的劳动 / 223

儿子，每一分钱都值得珍惜/224
把零花钱存起来比乱花掉更有意义/226
要花钱，自己挣/228
你也可以当当家庭的“小管家”/231
孩子到底该不该拥有手机/233
如何应对同学之间的相互请客/235
同学生日的礼物不宜太贵重/237
穿名牌，只是一种无聊的虚荣/240

第9章 异性不神秘：

女孩和男孩到底有什么不一样 / 243

什么是雌性激素/244
体育课，女生为什么老请假/246
来月经就能生小孩子吗/248
为什么说女大十八变/250
女孩子发育比男孩子早/252

女孩为什么爱照镜子/254
女孩子为什么总是害羞/256
了解什么是痛经/259
女孩子的胸部为什么变大了/262

第10章　青春期保健：建立起身体的“防火墙”/265

这些食物，不宜多吃/266
锻炼是最好的药/269
男孩乳房胀痛是病吗/273
阴茎头包皮炎有什么症状/275
阴囊瘙痒该怎么办/277
得了疝气该怎么办/279
如何防治男孩过度手淫/282
怎样远离艾滋病/284
为什么不能拔胡须/287
青春期脱发是怎么回事/289
男孩子长高有诀窍/292
如何防治少年白发/296
如何保护好自己的视力/298
预防龋齿，从现在开始/301

第1章

青春发育：儿子，这些身体的变化都是正常现象

男孩进入青春期后，最显著的变化首先表现在身体上。青春期是男孩身体迅速发育的第二个时期，第一个身体迅速发育的时期是婴幼儿时期。青春期男孩身体上的变化主要有长喉结、遗精、阴茎勃起、变声、长体毛、体型和体重激增等，这些都是男性第二性征的表现。此外，还有诸如出现青春痘、乳房变化等具有个别差异的身体变化。正确、科学地对待这些身体上的变化，是青春期男孩的第一课。

他年今日为青帝：从“非典型男人”到“man”的蜕变

男孩青春期问题：

陈默可不像他的名字那样安静，他的爸爸形容他说：“他就像是烈火上的滚水，不断地从水底冒出泡泡来，还发出‘咕噜咕噜’的声音。”陈默反驳说：“no，no，no。”他一边说着还一边摇头摆手，“我就像是那烈火中的水壶，即使屁股烧得通红，也会快乐地吹着口哨。别问我为什么？我是‘man’。”

爸爸觉得好笑，就继续逗他：“儿子，别怪我打击你，你今年才13岁，还是‘非典型男人’呢！”

“哦？是吗？”陈默上上下下用目光丈量着爸爸的个子，然后把手放在自己头顶上和爸爸比了比，颇有绅士风度地说：“典型男人，您听好了，今天我只有12岁，可是我的个头已经比你矮不了多少了，我的声音，嗯，嗯……”陈默故意咳了两声，可是他的嗓音实在太难听了，爸爸忍不住笑了起来，陈默掩饰说：“虽然比您的差了点，可是明天，我就到了13岁，我会变得更加强壮有力，什么神武勇士，什么铁血战将，都会成为我的手下败将。典型男人，今天我将给您下战书……”陈默一本正经地说着，还故意用手摩挲着自己的下巴，那里连一点冒出“绒毛”的迹象都没有，爸爸又笑了。陈默满不在乎地继续摩挲着，还一边念念有词：“飒飒西风满院栽，蕊寒香冷蝶难来。他年我若为青帝，报与桃花一处开。”

爸爸终于忍不住了，哈哈大笑，说：“好吧，man，我会耐心等待的，等待你的‘他年’到来。”

“不用，黄巢的‘他年’就是我的‘今日’。”

“哦，黄巢的他年？我想想，好像有一个‘兵败狼虎谷’的故事哦。”不知什么时候，妈妈也加入了进来，她非常认真地问道。

陈默尴尬地瞪了妈妈一眼：“这是男人们在商讨大事，女人，请走开。”

“怎么？个子高了，喉结有了，也可以蠢蠢欲动了，就以为自己是男人了？看你这对待女人的态度，顶多算个‘非正式男人’。”妈妈有些不满，话语里充满了火药味。

“哎，这位女士，您这么说就不对了吧。我态度是不对，但是您不能一棍子把我打死吧。好了好了，我原谅你，毕竟你是女人，不懂男人。你看这位先生用的是‘非典型男人’，可您，居然用‘非正式男人’。”陈默显然有些沮丧。

妈妈笑了，过来拍了拍儿子的肩膀，说：“哎呀，我儿子有意见了。妈妈真不想承认你长大了，可是你现在比妈妈还高。以前，我还能摸着你头顶安慰你‘乖儿子，听话’。现在，我只能勉强拍拍你的肩膀，说‘小伙子，你可以……’？好不甘心啊，怎么一下子就变得这么高这么壮这么有想法了，要知道，我还没有指导够呢！”

听妈妈这样说，陈默又高兴起来，他也拍拍妈妈的肩膀说：“妈妈，放心，我是男子汉了，今后我能替您扛下您的半壁江山了。您应该感到高兴才是。”

妈妈故意惊讶地捂着嘴说：“不会吧，我和你爸爸争斗了那么多年，好容易才赢来我的半个天空，没想到你长大第一件事就是要抢走我的这片天啊！”妈妈一边说一边望着爸爸笑，爸爸也笑了起来，陈默知道自己又表达错了，他有些不好意思，害羞地在地上来回搓动着脚。爸爸轻轻擂了他一拳，他也笑起来。

爸爸送给儿子的密语

真的难以想象，以前那个还拖着鼻涕要爸爸妈妈抱的小男孩一下子就长得和爸爸一般高了。虽然心里有些酸溜溜的感觉，但是爸爸还是要握着你的手，说：“儿子，恭喜你，你长大了。”

不是所有的爸爸都能像陈默的爸爸那样宽容、理解儿子，可几乎所有的爸爸都在认真地观察着儿子的成长，看着那越来越逼近自己的个头，望着那渐渐比自己强壮的身体，说实话，有点吃惊，那真是一种威胁。当然，更多的是欣喜。

大多数男孩子在进入青春期后，对自己个头长高、身体变得强壮都感觉非常满意，毕竟这是自己梦想了多年的事情，今日一旦兑现，很是欣喜。只是孩子，除了这些，你还会有其他一些身体的变化。有一些变化，可能并不在你的计划里。为了不让你在突如其来的变化面前感到无所适从，爸爸要跟你聊聊那些事，关于男人的事。

你大概很喜欢“雄风”这个词，那种“力拔山兮气盖世”的钢筋铁骨，那种“怒发冲冠”的英雄气概，是每个男人对自己的本能要求。但是雄风可不是表面的气质，那是内在的雄性激素作用的结果。你看那些“胡须浓密、胸毛发达”的金刚男人，其实都是雄性激素在起作用。所以，你首先要了解的一个词汇就是“雄性激素”。

雄性激素又称“男性激素”，以睾丸分泌的睾丸酮（睾酮）为主，属类固醇激素。其实，雄性激素的生理作用，在胎儿时期就有了，雄性激素中的睾酮能够促进性腺结构的分化，男性的内生殖器和外生殖器都是在其作用下形成的。

之所以在这里提到雄性激素，是因为它能促进男性性器官成熟及第二性征的出现。也就是说，进入青春期后，你的一切身体变化都与它有关。雄性激素的副反应有雄性化作用，其中丙酸睾丸酮尤为突出，表现为痤疮，毛发增多，男性性欲增强。（具体的变化，我们可以慢慢细聊，这里不再啰唆。）当然，女孩身体里也有雄性激素，只是数量比较少而已。

因为你体内雄性激素的作用，你才会有一种想做“英雄”的冲动，对“顶天立地”的男子汉非常崇拜；因为雄性激素的作用，你才会很有雄性风范。所以，当你长大后，先接受体内雄性激素这个“小家伙”吧，它将促使你驰骋江湖，敢与天公试比高。

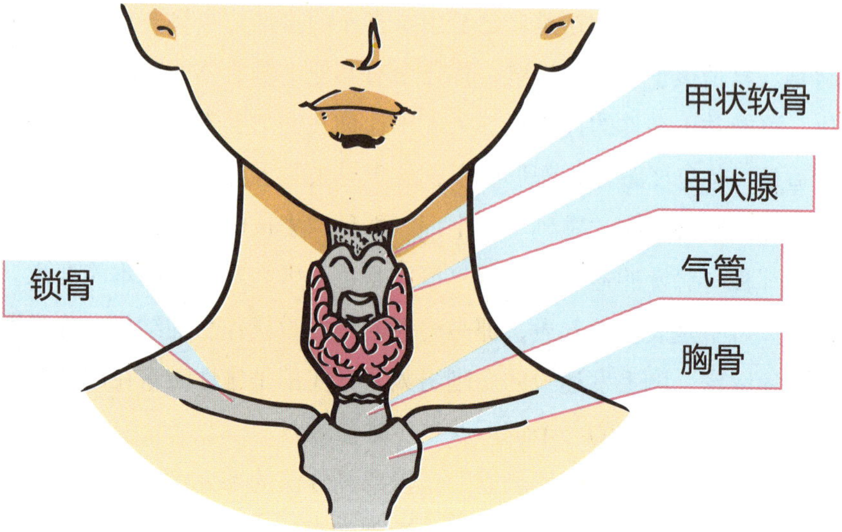

脖子上长了喉结不用怕

男孩青春期问题：

小涛今年14岁了。最近，他有件烦心事，不知怎的，他的脖子上莫名其妙地长出了一块小骨头，虽不影响正常吃饭、喝水，可脖子上突出一块“东西”，看起来真的很别扭。小涛心里直犯嘀咕：“这‘东西’到底是什么呀？我会不会生病啦？”

后来，小涛发现坐在他后面的同学小瑞也有和自己同样的烦恼。小瑞的脖子上也同样突出了一块奇怪的“不明物体”，他们俩为此特别担心。这不，今天在学校的时候，小瑞还怀疑是小涛把这种奇怪的“毛病”传染给自己的呢！哎，小涛感觉自己真是比窦娥还冤。

小涛经过仔细地观察，他发现，班里大部分男生的脖子上都长出了一块小骨头，而女生们的脖子却一切正常。难道这种奇怪的现象只会发生在男生身上吗?

于是，小涛和小瑞暗中分析起来。小瑞颇为神秘地说："我知道为什么咱们男生脖子会长东西了。"

"是吗？为什么呀？"小涛迫不及待地问道。

"因为男生很少哭鼻子，有难过的事情也忍着，所以久而久之就忍出了这块'东西'。然而女生动不动就哭，所以她们的脖子就什么也没长出来。"小瑞得意地分析道。

"是呀，经你这么一分析，好像真的是这个原因呢！那你之前为什么还埋怨是我传染给你的？"小涛翻起了"旧账"。

小瑞歉意地说："起初我不是特别担心吗，所以才错怪了你，但后来我不是为你沉冤昭雪了吗？"

"好啦，咱们不说这事了。不过，我还是有点担心脖子里的这个'小东西'，不会影响到身体健康吧？"小涛担心地问道。

小瑞挠了挠头说道："这个嘛，我就不清楚了……"小涛决定回家问问知识渊博的爸爸。

爸爸送给儿子的密语

青春期，人体的一个重要变化是喉的发育。喉是人的发声器官，位于颈部，由软骨、韧带、肌肉和黏膜组成。喉咙的软骨共有11块，其中最主要、体积最大的一块叫甲状软骨。胎儿在2个月时，喉软骨开始发育，直到出生后5～6年，每年仍在增长，但5～6岁到青春期这一时期内喉软骨生长基本停止。通常而言，在青春期前，男女性的喉结的发育状况差别不大，嗓音也没有多大区别；但至青春期，男性的喉结在雄性激素的作用下迅速增大，位于颈部的甲状软骨向前方突出，使喉结的前后径增加将近一倍，发声随之变为低沉的男性音，而女性的喉结仍无明显增大，发声变为尖细的女性音。

可是，在现实生活中，我们可能会发现有些男性喉结很不明显，而有些女性则喉结很突出。

对于男性喉结不明显的问题，有些学者做过临床调研，发现一部分喉结不明显的成年男性，其中有些是非常健壮的田径、体操运动员等，他们肌肉发达，男性性征也很正常。这些喉结不明显的男性中，绝大多数已结婚、正常生育，且无其他异常表现，内分泌检查也未见异常。

专家们通过对这些人的个人生活史的调查发现，这些男性中有些是从青春期前就一直从事大运动量的体育训练，有些则在刚开始发育时就有过频的手淫史，有这样的情况的占被调查者的很大比例，有学者认为这可能导致了在青春发育期雄性激素的大量消耗而使甲状软骨未能充分向前突出，以致从外观看喉结并不那么明显。尽管前突不充分，但喉的前后径较青春期前的还是增大了，故声音同样是男性音。不过还有一些人是由于颈部较粗、肥胖或甲状软骨不是典型向前突而是向四周等量扩张，所以看起来喉结也不那么明显。

同时，专家还通过调查发现，喉结的明显与否，与睾丸及阴茎的发育没有必然的联系，一些男性虽然喉结不明显，但其睾丸及阴茎的发育相当好。所以，现在一些医学书刊上不再把喉结的突出与否作为判断男性第二性征发育是否正常的标准，有些解剖书上甚至已经不再提到喉结这个解剖术语了。

遗精——男子汉成熟的标志

男孩青春期问题：

小明已经上初中二年级了。一天半夜醒来，他发现内裤湿了，刚开始还以为自己尿床了，可是摸起来又不像尿，黏黏滑滑的，还有一些沾到了被单上。他搞不清楚那是什么，只是隐隐约约有些不好意思。于是，他悄悄地换了内裤，没有告诉任何人。

天刚亮，小明蹑手蹑脚地把被单塞到洗衣机里，没想到妈妈也起床了，她睡眼惺忪地问小明："你这么早起来干什么？"小明支支吾吾地说不出话来。妈妈一下子就吓醒了："怎么啦？不会生病了吧？"小明只好说："没有啦！我起来上厕所。"

妈妈当然不信，可是，她没说什么。

吃早餐的时候，妈妈已经有答案了。她趁小明还在浴室里冲洗，悄声告诉小明的爸爸："哎，你儿子长大了！"爸爸一头雾水地望着妈妈说："什么长大了？"

"梦遗呀！今天一早我看到小明鬼鬼祟祟的，不知道在干什么。后来我打开洗衣机，就看到一床被单、一条内裤……"妈妈的口气带着点神秘，又有点得意。

"喔，我懂了，"爸爸突然感叹起来，"以前我第一次梦遗的时候，根本没有人告诉我那是怎么回事，害得我以为自己生病了，担心了好久。”

“时代不同了嘛！现在的孩子多宝贝啊！你舍得让他自己摸索着去找答案吗？”正说着，小明已经走进客厅。于是，爸爸对小明说：“儿子啊，咱们去你的房间，我有话对你说……”

爸爸送给儿子的密语

梦遗就是在睡梦中排出精液，是男孩子青春期发育的正常现象。首次梦遗一般发生在阴毛、腋毛、上唇胡须出现以后，以及身体增高最快的一年后期，通常年龄在14～15岁，最小11岁。17～18岁的少男已有90%以上发生过梦遗。

当男孩子进入青春期后，体内制造精液的系统已经逐渐成熟，可是因为还没有性行为可以将精液排出体外，所以会在睡着时自动排出来。从理论上来说，男孩这时候已经有繁衍下一代的能力了，不过，我们很少看到男孩在这个年纪就结婚的。

梦遗当然不是病，它只是一种新陈代谢的过程。男孩体内制造的精子若超过身体所能容纳的量时，便会自行吸收或排出，然后再制造新的精子。这些精子排出体外，并不会造成身体的损耗，所以也不需要进补。

但是，当男孩子出现首次梦遗之后，就需要做好一些生理方面的注意事项：一要避免穿紧身内裤，睡觉时避免下半身太暖和，否则会因性器官持久受热充血而屡次遗精；二要注意阴部的卫生保健，倘若生殖器官存在炎症，如包皮炎等，要及时治疗，避免炎症诱发频繁遗精。

总而言之，男孩初次出现梦遗，标志着自己开始成长为大人了，这是一件可喜可贺的事，所以不必惊慌失措，更不必忐忑不安，只管坦然面对就可以了。

嗓音为什么突然变粗了

男孩青春期问题：

13岁的宇航最近非常苦恼，因为同学们时常嘲笑他的声音变得像唐老鸭，变粗的嗓音给他带来了好多哭笑不得的事儿。

去年，因为父母调动工作，宇航也不得不转学到了另一个城市读书，这样他就只得和最要好的几个朋友分开了。来到新学校已经快一年了，有一天，宇航突然想起应该给原来的好朋友打个电话，交流一下在新学校的见闻和收获。可是几个电话打下来，让宇航有些哭笑不得，也有些苦闷。

女同学晨晨刚接到宇航的电话时说：“宇航，你是不是感冒了？一定要去医院啊，输了液很快就会好的。”哥们儿丁丁在电话中跟宇航说：“喂，我说老哥，你怎么说话像唐老鸭啊，搞什么名堂？”而同桌小李则对着话筒一本正经地说：“你应该是宇航的爸爸吧，他在家吗？叔叔，让我跟宇航说话吧？”宇航只得在电话里一次次地跟这些老朋友解释，才最终让他们相信打电话的就是他本人。

还有一次上语文课，老师发现品学兼优的宇航虽然听课很专心，但与老师互动不积极，因为老师多次向同学们提问，宇航都只是低头不语，她要求学生分角色朗读《皇帝的新装》时，宇航虽举了手但有些勉强。要知道，在语文老师眼中，宇航是最优秀的学生，他有思想、有头脑，与老师互动很积极、主动，而且宇航朗读课文在班里是最棒的，语文课总会因为宇航而十分活跃。这一次，老师又点了宇航的名，要求他扮演皇帝这个角色朗读。宇航开始读了，但老师对他语气平淡、声音不够清亮的朗读有些失望，宇航这一次的朗读远不如扮演其他角色的同学表现好。总结的时候老师只表扬了扮演其他角色的同学，没有表扬宇航。宇航知道，语文老师一直是最欣赏他的，但这一次老师不满的目光让他觉得很失落，这一节语文课他上得有些没劲。

宇航一直很喜欢爸爸那富有磁性的、浑厚的嗓音，他很想知道爸爸是否也是后来才有了这样吸引人的男性声音，于是他决定和爸爸好好谈一谈这个问题。

爸爸送给儿子的密语

处于青春期的男孩会开始变声，男孩的变声期一般是在13～16岁，变声期大约可持续半年到一年的时间。所谓变声期是指儿童由童声转变为成人声音的时期，在这一时期，因为儿童的喉头、声带增长而出现声音嘶哑、音域狭窄、发音疲劳、咽喉局部充血水肿等现象，说话或唱歌的声音音域、音色、音调等也会发生很大的变化。

声音的好坏是由声带决定的。声带是位于喉腔中的一对弹性黏膜组织，是发音的主要器官，声带的长短厚薄因人而异，儿童期无论男女声带长度均为6～8毫米，所以发出的声音为童音，高而尖细，而青春期的男孩，声带变宽、变厚，因而声音变得粗犷低沉，嗓音变粗。

处于变声期的男孩要特别注意讲究用嗓卫生，保护好嗓子。否则，可能会引发声带疾病，影响声带正常生长。

那么，处于变声期的男孩，该如何注意用嗓卫生、保护好嗓子呢？下面是几点建议：

第一，注意饮食调理。

处于变声期的男孩要多吃一些富含胶原蛋白和弹性蛋白质的食物，如猪蹄、猪皮、蹄筋、鱼类、豆类、海产品等；多摄入含B族维生素和钙质的食物，如芹菜、番茄、蛋类、豆类、动物肝脏、新鲜水果、鱼虾、牛奶、豆制品等；少吃炒花生仁、爆米花、锅巴、坚果类及油炸类硬且干燥的食物，以免对喉咙造成机械性的损伤；多饮水，使咽喉得到滋润，但不可喝太烫、太冷的水；少吃酸、辣、苦味等刺激性的食物，如大蒜、辣椒、生姜、韭菜等，少吃冷饮，因为这些食物都会刺激气管、喉头与声带；忌烟酒，因烟酒中的有害物质会影响声带的生长发育；进食时宜细嚼慢咽，忌快速进食，谨防食物中的砂粒、鱼骨刺伤咽喉部的组织。

第二，正确地使用嗓子。

有的男孩喜欢大声说话、唱歌，随心所欲地大喊大叫，这常常使他们在这一时期异常娇贵的声带出现充血、水肿，或者发生声带小结或声带息肉，轻者导致发音疲倦无力，严重的会出现声音嘶哑、咽喉炎，甚至出现呼吸困难、不能说话等现象。因而，处于变声期的男孩注意不要滥用嗓子高声喊叫或无节制地大声喧哗，不要长时间地高声唱歌或朗读，避免过度用嗓，否则可能导致终生声音嘶哑。发现声音嘶哑或说话、唱歌疲劳时要立即息声休息，避免刺激声带，避免其过度疲劳。

第三，保持良好的生活习惯和情绪。

要注意劳逸结合，生活有规律，保证睡眠充足，不熬夜，每天保证7个小时以上的睡眠时间；冬天注意保暖，尽量不要穿低领的衣服，避免口腔、喉部受冷，避免感冒引起咽喉部不适；多参加一些体育活动，每天进行锻炼以增强体质、增强免疫力，这对声带的健康发育也很有好处；保持积极的情绪状态，避免过度焦虑、紧张等消极情绪。

青春期的男孩只要注意以上几个问题，保护好自己的嗓子，就会顺利度过变声期，最终会拥有浑厚的男性嗓音。

男孩子如何“战痘”

男孩青春期问题：

15岁的晓刚从一年前脸上就开始长青春痘，而且越长越多。晓刚的脸因此变得坑坑洼洼，十分难看，他成了同学们取笑的对象。为此，晓刚产生了强烈的自卑感，不愿意再和同学们交往，很多次他都萌生了不再读书的念头。

那一天，几个好事的女生又在悄悄议论班里的哪个男生帅气，哪个男生丑陋。一个高个子女孩毫无顾忌的话让刚走进教室的晓刚听得清清楚楚，她说："看我们班的晓刚，脸上长满了'酒米'，你们知道'酒米'是一种什么米吗？哈哈，不用说，你们也能猜出来，那就是青春痘。他这样的形象影响市容，还影响咱们班的班容。据说，青春痘是青春的标志，扭扭捏捏的晓刚到青春期了吗？呵呵，有点滑稽是不是……"

女同学直白的话让晓刚无地自容，原本就内向怯懦的他此时更是不知所措。那个女同学发现说错了话，惊愕地张大了嘴巴，尴尬地跟晓刚说了声"对不起"，其余几个女生也都窃笑着走向了自己的座位。

课堂上、放学回家的路上，晓刚脑海里始终回想着那个女同学的话，他很懊恼。满脸的青春痘成了他的一块心病，原本不怎么帅气的他这下子更是"对不住观众"了，这样一来，不仅班里的女同学对他敬而远之，连要好的男同学也不愿意和他走在一起了，似乎与这样一个"形象不佳"的男孩在一起是一件不光荣的事情。因此，晓刚在学校里就时常独来独往，脾气变得烦躁、孤僻、消极，在家里他也经常躲进自己的小房间里，拿出一面小镜子，对着满脸的青春痘又是挤又是掐。很多种中药以及祛痘产品晓刚都试过了，也试过了很多"战痘"的方法，但都无济于事，满脸的"酒米"始终都是"野火烧不尽，春风吹又生"。

爸爸不忍心晓刚如此"消极沉沦"，善于开导人的他就决定在晚饭后和儿子好好谈谈，以帮助他走出心理上的阴影，重建自信。

爸爸送给儿子的密语

相信很多处于青春期的男孩都会因为脸上影响美观的痘痘而烦恼，注重自身在别人眼中的形象的他们也会想尽各种办法来“战痘”。

青春痘医学名称是粉刺，之所以叫青春痘，是因为它的高发期是在青春期。青春期的男孩脸上、后背、胳膊等处长青春痘是比较普遍的现象。中医理论认为，青春痘是一种可由多因素引发的皮肤病，男孩长青春痘的原因主要有以下几个方面：

一、遗传因素影响。

二、激素分泌旺盛所导致。因青春期是雄性激素分泌旺盛的时期，因而更易长青春痘。

三、皮脂腺分泌旺盛，使得油腻的皮脂混合正常脱落的角质细胞囤积在毛囊中，就形成了青春痘。

四、环境原因，如城市污染、气候炎热、化学有害气体污染等。

五、饮食原因，喜欢吃辛辣油腻等食物，长期吸烟、饮酒等都可以引起青春痘。

六、不良的生活习惯和情绪，如休息不好、生活不规律、睡眠不足、压力过大、上火、性格急躁、情绪不佳等，这些因素都容易导致青春痘生长。

一般来说，男孩到25岁以后，进入了发育成熟期，体内各种激素基本处于平衡状态，青春痘就会减少或自愈。处于青春期的男孩长了青春痘不要有任何思想负担，不要过分在意，同时还要注意以下问题：

第一，注意保持个人卫生。

青春期的男孩如果不注意个人卫生，就更容易长青春痘。因此，每天要经常用干净的水清洁面部、脖子等裸露的部位，勤洗澡，勤换衣服；要保持枕巾、枕头套、被褥等的清洁，因为枕头套、被单等更容易堆积死细胞、螨虫、灰尘、头皮屑等，而且睡眠时长时间接触肌肤，更易使细菌滋生、繁衍。

第二，不可用手挤、捏、抓青春痘。

经常用手挤、捏、抓非但于事无补，还有可能会引起化脓导致皮肤感染或淤血，形成面部皮下组织损伤，留下难以消除的疤痕。

第三，注意饮食调节。

平时要保持清淡的饮食，少吃高脂肪、油炸的食物和甜食，不吃刺激性的食物，如葱、蒜、辣椒等，以防青春痘恶化；而要多吃水果、蔬菜，多喝水。

第四，养成健康的生活方式。

不吸烟，不喝酒，避免烟酒中的有害物质加重青春痘；按时休息，保证睡眠，加强锻炼，保持有规律的生活习惯。

第五，保持愉快的心情。

心情压抑、紧张、焦虑也会增加男孩长青春痘的概率，而愉快的心境是治愈青春痘的良方。因此，青春期的男孩要注意保持轻松愉快的心情，避免出现过于紧张、焦虑等消极的情绪。要努力接纳自身这一不完美的形象，多看到自己的优点，运用积极的自我暗示乐观面对青春痘。

第六，如果青春痘很严重，可采用药物治疗。

若青春痘已发展到很严重的地步，比如已经化脓，最好不要自行处理，而是要咨询医生，采用药物来治疗，以免贻误治疗时机。

男孩请记住，青春痘只是你生命中的插曲，只要你能够正确地对待它，别让它干扰自己的情绪，相信每一个男孩最终都会“战痘”胜利。

“头发”怎么长到下面了

男孩青春期问题：

读初一的军军最近有了一个“难言之隐”，那就是自己的腹部下方、阴茎上方开始稀稀疏疏地长起了“头发”。由少到多，由疏到密，由短到长，身体那个隐秘的部位原本光滑的皮肤这下变得有些灰不溜秋，影响“雅观”。虽然别人看不见，但军军每次洗澡的时候看到这些毛发，心里还是有些发毛。

军军对这些毛发产生了很多疑问：“这个地方长‘头发’不会是什么病吧？这种情况正常吗？别的男孩也在这个地方长‘头发’吗？”这些疑问让军军寝食难安，但他不好意思问爸爸，于是军军决定先向最好的朋友小辉了解一下，小辉是班里的“小百科全书”，说不定他会知道答案。

一天放学后，军军看看四周没人，悄悄把小辉拉到了一个角落里。小辉对军军的举动很奇怪，嚷嚷道：“有什么事啊，这么神秘？”军军支支吾吾，过了好一会儿，他才用手指着小辉的下身，压低声音问他：“你这个地方长头发吗？”

“头发？头发不是长在这儿吗？”小辉莫名其妙，指着自己的头发对军军说。

军军又指了指小辉的下身，有些不好意思地说：“我是说，你这个地方也有吗？”

小辉还是有些不明白，军军有些失落地要走开。过了一会儿，小辉好像明白过来了，他追上军军，对他说：“哦，我明白了，你是说阴毛吧？我们每个人都会长阴毛的，我爸跟我说过的，不过我还没长呢。哥们儿啊，你成熟了，祝贺你啊！”

“我成熟了？怎么解释？”军军有些不解。

“回家问问你爸爸就知道了。”小辉一边走，一边笑着对军军说。

爸爸送给儿子的密语

阴毛是人体的第二性征之一，男孩一般到了十四五岁，当生殖器官逐渐发育成熟时，因雄性激素的分泌，外生殖器附近开始长出阴毛，女孩到了青春期也会长出阴毛，这都是正常的现象。

一般来说，从青春期开始，由于雄性激素的作用，男孩或女孩阴部毛囊都会不断长出阴毛。男性体内的雄性激素是睾丸分泌的，女性体内也有一定量的雄性激素。无论是男孩还是女孩，其阴毛的有无和疏密，都与体内雄性激素水平以及阴部毛囊对雄性激素的敏感程度有关。青春期男孩开始长阴毛时，阴部的皮肤表面会有一些小疙瘩，可能还会有些发痒。这些小疙瘩就是将要长出的阴毛，等到这些小毛毛钻出皮肤表面，小疙瘩就会自然消失。到了青春期后期，男孩的大腿内侧、耻骨联合部位、肛门周围也会出现阴毛。

有的男孩因为对这一点毫无所知，有时会对阴毛产生厌恶感，甚至感到羞耻，有的会剃掉自己的阴毛。其实，阴毛并不是毫无用处的，而是为保护我们的身体而长出来的，它能够减少衣物对该部位身体器官的摩擦，保持通风，能够吸收这些部位分泌出来的汗和黏液，向周围发散，避免阴部过于潮湿，有利于身体健康。

如果男孩到了该出现阴毛的年龄，不长阴毛或阴毛稀疏，这在医学上称为无毛症。单纯不长阴毛，其他方面的性发育都正常的男孩，可能是阴部毛囊对自身雄性激素不敏感所致，这不是病态，既不影响身体健康，也不影响婚姻和生育，因此不必为此而苦恼。

男孩长了阴毛之后，最好不要因为影响美观而剃掉它。同时还要注意个人卫生，避免因不卫生而导致出现阴虱。如果不幸感染了阴虱，则最好先把阴毛剃掉，以断绝阴虱生长的空间。此外，不要穿太紧的衣裤，还要勤换内裤，避免造成毛囊发炎等生殖器的病症。

总之，阴毛虽然身处隐秘部位，但是其重要性却不容忽视，青春期男孩要在注意其他生殖器官卫生保健的同时，不要忽略了阴毛的卫生与保健。

如何对待难闻的汗臭味

男孩青春期问题：

李磊是一名普通的中学生，体型高大、微胖。他很喜欢运动，每天都要雷打不动地和几个同学打上一场球或进行其他体育活动。他是学校篮球队、足球队的主力队员，而且他还非常喜欢赛车、登山、跑步。每次全身心地投入运动，酣畅淋漓地流汗之后，李磊都倍感身心舒畅。

但是，李磊有一个很大的烦恼，那就是他每次运动出汗之后都有难闻的汗臭味。每次运动后一走进教室，整个教室就开始弥漫着他的汗臭味，使得同学们纷纷捂住自己的鼻子，大喊着“空气污染太严重”。尤其是李磊前座的那个漂亮女生，对此更是厌恶至极，要知道，她曾经是李磊很喜欢的一个女孩子。在家里，李磊的妈妈也难以忍受儿子难闻的汗臭味，时常唠叨他要讲卫生、勤洗澡。虽然李磊每天都要洗澡，可还是难以消除汗臭味，妈妈的唠叨也让他很反感。

爸爸送给儿子的密语

难闻的汗臭味成为某些青春期的男孩面临的难题，尤其是喜欢运动或体型胖爱出汗的男孩。一到夏天，难闻的汗臭味让他苦恼不已。

每个人都会出汗，但不是每个人出汗时都会有难闻的臭味。医学研究表明，汗腺的分泌物本身是无臭味的，顶泌汗腺（分布于腋窝、乳晕、阴部等处的腺体）排出的乳状分泌物也仅有令人愉快的气味，只有当汗腺分泌物与皮肤表面的细菌起了一定的化学反应之后，才会散发出难闻的汗臭味。

许多人会认为，出汗多就会有臭味，其实这两者并不存在必然的联系。汗是汗腺分泌的一种液体，其中水分占99%，其余的是氯化钠、钾、硫等物质。腋窝、腹股沟等处细菌容易积聚，汗腺较多出汗后又难以蒸发，汗液就会和这些部位的细菌发生作用，才会产生浓烈的气味。

那么，既然细菌无处不在，而出汗又是正常现象，为什么有些人即使大汗淋漓也没有体臭，而有些人一出汗就散发臭味呢？这是因为有些人的汗臭味与自己的体质有关。中医认为肝热者体温较高，容易出汗，汗水呈赤黄色，有臭味。肝脏是消化道的防线，负责处理和分解体内的有毒物质，如日常饮食中的煎炸食物和烟酒等，属于过滤器官。如果我们日常饮食不当，如进食过量燥热精制的食物、吸烟酗酒等，体内就会积聚不少有毒物质，加重肝脏的负担。排毒的途径除大小便外，就是通过皮肤毛孔出汗。因此，有肝病的人，排出来的汗多带有臭味。

了解了汗臭味的原因，为难闻的汗臭味而伤脑筋的男孩子就容易找到解决的办法了。具体来说，对付汗臭味，可从以下几个方面努力：

第一，日常清洁最重要。

既然汗臭味是因为汗液与皮肤表面积聚的细菌发生作用而引起的，而出汗又是正常现象，那我们只有想办法减少身体细菌的滋生和积聚了。清洁是最重要的，特别是腋窝、腹股沟等处易出汗且汗液不易蒸发的部位。定期清洗是简单的去除汗臭味、恢复自身体香的有效方法。清洗的时候不必用力搓洗，因为要洗去的只是皮肤表面的油脂和细菌，用力搓洗会使皮肤受到刺激，使更多的细菌滋生。在清洗的时候最好使用抗菌香皂，这样既能洗去身上的油脂细菌，又能杀灭细菌。而且要穿着透气的衣服和鞋子，如棉质衣裤，勤换衣服，避免穿紧身、不透气的衣服。

第二，清淡饮食。

平时要注意清淡饮食，不抽烟、不喝酒，少吃会引致肝热的食物，例如煎炸、辛辣的食物以及甜食等。此外一些味道较浓烈的食物，如咖喱、大蒜及香料等，也要尽量避免。

第三，对于肝热的人，治疗肝病是防止汗臭味的重要方法。

多食用对肝脏有利的食物，如绿豆、胡萝卜、豆类、薏仁、枣、芝麻、桑葚、牡蛎、鲈鱼、鲭鱼、瘦猪肉等。常用于针对肝热体质、治疗汗臭的食材有菊花（清肝热解毒）、薄荷（芳香辟秽，清除肝郁气滞）等，平时可多喝点菊花茶。

当然，对付难闻的汗臭味还可以使用现成的止汗香体产品，它能在抑汗和抑制细菌生长两个方面同时作用，从而抑制汗臭味的产生。当然这只是治标不治本的办法，最重要的还是要从以上几个方面去努力。

“小弟弟”怎么总要“挺立”

男孩青春期问题：

东东是个初二男孩，健康而帅气，个头已经超过了爸爸的身高。最近，东东开始对异性产生了朦胧的好感，特别是班里转来一位漂亮的女生后。那个女孩是东东的邻桌，东东常常在课堂上时不时地瞄她一眼。

有一次，那个漂亮女孩主动和东东说了几句话，这让东东抑制不住地心花怒放。回到座位上，东东就开始幻想与那个女孩交往的各种美好情景，这让他十分兴奋。

此后，白天结束了紧张的学习之后，晚上回到家，东东吃过晚饭就躲进自己的小房间里，开始想象与那个女孩谈话、交往的每一个细节。有一次，想到忘情处，东东觉得自己的“小弟弟”突然“挺立”了起来，同时他感到了莫名的兴奋。连续很多天，每天晚上东东一闲下来就会想到那个女孩，他的“小弟弟”也会自然地“挺立”起来，同时他还不由自主地用手抚摸自己的生殖器。

后来，这种情况逐渐发展到东东看到电视里或杂志上某个漂亮的女孩，他的“小弟弟”有时也会“挺立”，甚至在大街上遇到漂亮女孩或者自己不小心触碰到“小弟弟”后，它也会不听话地“挺立”起来。这让东东很是烦恼，他开始怀疑自己是不是“不正经”，是不是有毛病，他时常问自己：“这是不是说明我是个坏男孩啊？”

爸爸送给儿子的密语

男性的阴茎内部有三根长海绵体，其中两根位于阴茎的背侧，组成阴茎干的大部分；另一根位于这两根的下方，即阴茎的腹侧，主要是尿道穿过的地方。海绵体是一种松软的类似于海绵状的组织。阴茎海绵体内有许多血管丛，它们都有朝一个方向开放的活塞瓣膜装置，起阀门样的作用。

当男性出现性兴奋时，阴茎内的瓣膜就会自动关闭，血管丛在神经兴奋的作用下同时扩张，血液便大量流入阴茎。由于瓣膜已关闭，血液只能进不能出，海绵体就膨胀、肿大，阴茎就勃起变硬。射精后，阴茎内动脉收缩，血液流入减少，瓣膜开放，静脉回流增加，海绵体变小，阴茎又恢复原状，这就是阴茎能硬能软的原因。

健康男性的阴茎，除了在性刺激和某种外界刺激作用下会勃起外，通常处于松弛状态。处于青春期的男孩，由于性意识的觉醒和性心理的萌发，很容易产生性冲动和性欲望，其阴茎在性兴奋的作用下就会不由自主地勃起。比如，在性幻想、做性梦时，在观看具有性镜头的影视剧或阅读有性描写的书籍时，在遇到自己喜欢的女孩时，在阴茎受到外物摩擦时等，都容易使阴茎勃起。

可见，对处于“性意识骚动期”的健康男孩，阴茎勃起是正常的现象，与一个人的道德品质没有关系。很多男孩会在夜间阴茎勃起，或者在早上起床时勃起，有的甚至在公共场合也会勃起，这常常会让男孩感觉很难堪，尤其是夏天的时候。那么，处于青春期的男孩，该如何正确对待阴茎勃起这一现象呢？

第一，正确认识并坦然面对阴茎勃起。

青春期男孩要认识到阴茎勃起是正常的现象，而不是可耻的或是“流氓行为”，要认识到这是自己身心成长的一种表现。因而，青春期男孩要坦然面对这一现象，不要有过重的心理负担，不要过分注意它，因为越是注意它，越容易进一步把注意力引向性兴奋状态，更易使其勃起。如果在公共场合出现了阴茎勃起，男孩不要过于惊慌，而是要坦然面对，要尽快转移自己的注意力，一旦自己的注意力转移到别的事情上，性兴奋中枢就会抑制下来，阴茎勃起也会消失。

第二，减少性的刺激。

频繁的性刺激常常会造成过度的性兴奋，引起阴茎频繁勃起，阴茎频繁勃起对青少年有一定的害处，如生殖器长期处于充血状态，容易诱发前列腺炎，还会消耗男孩的很多精力，加重其心理负担。所以，正处于“青春骚动期”的男孩，要避免过度的性刺激，比如少看带有色情的书刊、影视碟片、网页等，不过度沉溺于性幻想中，不穿紧身衣，内裤要宽松，以免频繁摩擦生殖器，不要随意玩弄生殖器等。

第三，丰富自己的生活。

青春期的男孩精力充沛，如果生活内容丰富多彩，旺盛的精力就会得到有效的释放，男孩也就不会将注意力过多地集中在性问题上，会避免阴茎频繁地勃起。因此，青春期男孩要多参加一些文娱和体育活动，把注意力引导到理想和前途上，把精力集中到学习与各种有益的活动中。这样就会避免有过多的性兴奋，避免频繁的阴茎勃起。

总之，阴茎勃起并不是什么可耻的事情，只要注意上面三点，并坦然地面对它就完全可以了。

适应体型和体重的激增

男孩青春期问题：

在小强还上小学三年级的时候，爸爸买来一台电冰箱，当时小强很喜欢和电冰箱比高，那时电冰箱比他要高出很多。小强为了看看自己成长的快慢，每过一段时间，他就跟电冰箱比一下高矮，然后在电冰箱上做一个记号。在整个小学阶段，尽管小强在不断地长高，却一直长得很缓慢，且始终不如电冰箱高。

然而，自从上了初中后，小强发现自己的个子像雨后的春笋，节节拔高，迅速地成长起来，他觉得自己可能比电冰箱都要高了。于是有一天，小强又来到电冰箱跟前和它比量了一下。果然，小强真的比电冰箱高出了一点儿，他惊得叫了起来：“哇噻，我长这么高了啊，怎么初一1

年的时间好像比整个小学校阶段长得都多啊？我不会是长得太快了吧？这是不是不正常啊？”而且，小强也发现，自己身上的肌肉也似乎增长了许多，他称了称体重，都快赶上爸爸的体重了。小强对自己的体型和体重变化如此大很纳闷：“我长这么快是正常的吗？怎么大人一直都不长呢？”

爸爸送给儿子的密语

开始进入青春期的男孩迎来了人生长发育的第二个高峰期。人的一生有两次生长发育的高峰期，第一次是在婴儿期，第二次就是在青春期。

进入青春期后，男孩的生长发育加速发展，最为明显的就是身高的加速发展，同时体重也快速增长。据有关资料统计表明：在青春期发育前，儿童每年平均增长3～5厘米，而进入青春期后，每年至少要长高6～8厘米，有的甚至达到了10～11厘米；青春期发育之前，儿童每年体重增加不超过5千克，而到了青春期，肌肉随骨骼的增长而发达起来，肌肉比重加大，体重平均每年增加5～6千克，突出的可增加到8～10千克。整体而言，青春期男孩体重的增加不如身高的增长显著，如果身高的生长大大超过体重的增长，就有可能出现瘦弱的身材，呈现“竹竿型”；若体重的增长大大超过身高的生长，则可出现“肥胖型”的身材。

身高、体重生长突增的出现是男孩进入青春期的一种信号，由于男孩进入青春期的年龄和发育的年龄比女孩晚，骨骼停止生长的时间也相应晚一些，加之男孩突增幅度大，持续时间长，故到成年时男性的平均身高一般比女性高10厘米左右，体重也要重好多，表现为男性比女性高大健壮。

一般而言，影响青春期男孩身高、体重增长的因素主要有以下几方面：遗传因素，父母亲较高的，其后代一般较高；锻炼的影响，适当的体育锻炼可促进身体的增长，特别是全身性的体育项目，如游泳、球类运动等；营养、饮食因素，青春期发育需要大量的营养物质和能量，保证充足、全面的营养供给有助于青春期各器官系统的正常发育，有利于身高的生长；而体重与体型的变化除与骨骼的增长有关外，还与肌肉、脂肪等的增长有关。男性肌肉一直持续增长到30岁左右时才达到高峰，而皮下脂肪10岁左右开始生长，但以后生长速率逐渐减少，于是出现肩宽、体高、肌肉发达的潇洒身材，呈现出阳刚之气。

在青春期，面对体型和体重的激增，男孩要注意以下几个问题：

第一，坦然面对自身体型和体重的激增。

青春期男孩体型和体重的激增是正常的生理现象，是男孩成长中必然经历的过程。有些男孩看到别人突然长高而感到着急和惭愧，也有一些男孩因发育较早、“鹤立鸡群”而感到难堪，或者为自己过胖或过瘦的体型而自卑、苦恼，其实这些担忧和不安都没有必要。男孩要学会坦然面对自己体型和体重的激增，顺应自己身体成长的自然规律，逐渐适应人与人之间这种身体的个体差异，学会接纳自己。

第二，保证充足的营养。

男孩进入青春期后，身高体重的迅速增长需要大量的营养和能量，此时男孩的机体对能量和营养的需要比成人高出25%～50%。所以，青春期男孩一定要保证充足的营养，按平衡膳食的要求吃好三餐，不挑食，少吃零食。要保证蛋白质、卵磷脂、维生素、钙、铁、锌、磷等多种营养元素的足量摄入，以提供充足的身体发育的营养和能量供应。如饮食中的高蛋白质、钙、磷、维生素等营养成分，都有助于骨骼的充分发育，即骨骼的增长、增粗、增宽和骨皮质增厚，而食物中的脂肪会提供人体所需的能量。

第三，适当的体育锻炼。

“生命在于运动。”体育锻炼是促进身体发育、增强体质最重要的因素之一。体育锻炼能促进体内的新陈代谢；能有效促进呼吸系统的发育，提高呼吸功能水平；可促进心血管系统发育，提高其功能水平。此外，体育锻炼对运动系统（包括神经、骨骼和肌肉）的发育有显著促进作用，可改善肌肉、骨骼工作的协调关系；还可加速血液循环，使全身各组织都获得丰富的血液供应，得到更多的营养物质。因此，经常参加锻炼的孩子，其平均身高和体格健壮程度往往超过那些不锻炼或很少锻炼的孩子。

青春期的男孩要坦然面对自己体型和体重的激增，加强营养，并坚持适当的体育锻炼，这样才会拥有健康、健美的身材。

青春期男孩的乳房变化

男孩青春期问题：

最近一段时间，14岁的乾乾偶然会感到自己的乳房部位有点疼痛，用手仔细一摸，发现两侧乳房中各有一个小小的硬块存在，他还发现自己的乳头周围的颜色越来越暗，并且颜色暗的皮肤面积似乎也越来越大。

乾乾发现，班里的很多女孩胸部都开始突起了，夏天的季节里，她们薄薄的衣服掩盖不住突起的乳房。为此，很多女孩子会为自己乳房的这种变化而感到害羞，会有意地向后缩着胸，避免别人发现她们耸起的胸部。而乾乾还发现，所有的男孩子却都胸部平平。因此，他担心自己的乳房出现了硬块和疼痛，这会不会表示他的胸部也会像女孩子一样变得高高耸起呢？这可是一个让他头疼的问题，他为此感到惶恐不安。虽然有些不好意思，但乾乾决心要向爸爸请教一下这个问题。“不然，等到乳房真的长大那就麻烦了。”乾乾心想。

爸爸送给儿子的密语

青春期并不是只有女孩的乳房会发生变化，男孩的乳房同样也会发生一系列的改变，只是男孩较女孩的发育晚一些，程度低一些。男孩的乳房变化除乳晕（乳头周围皮肤色素沉着较深的环形区域）直径增加外，在乳头下面还可触及有小硬结，伴有轻微的触痛。有少数男孩的乳房甚至会像女孩子一样高高隆起。

其实，男孩青春发育期的乳房长硬块、乳晕增大大多是正常的生理变化。乳房主要是由乳腺组织和脂肪及结缔组织构成的，乳腺细胞的表面存在着能识别和接受雌性激素的结构。当雌性激素与乳腺细胞的受体结合后，乳腺细胞的代谢就会活跃起来，使乳腺细胞增生，乳房发育隆起。

男孩进入青春发育期后，睾丸在分泌雄性激素的同时，也会分泌少量的雌性激素，当然其含量是微乎其微的。这些少量的雌性激素便使乳头部位的乳腺细胞不断增殖，导致乳房形成硬块。青春期男孩的乳房硬块常局限于乳头下面，触之有时可有疼痛。据调查，在13～15岁的男性青少年中，约有1/3～2/3的人发现有一侧或双侧乳头突起，乳晕的直径有所增加，有色素沉着，但出现乳房硬结者不到1/5。由于男性青少年在青春期时雌性激素量的增加是一时性的，故这种乳房硬块一般经过数月到一年左右便自行消退。所以，男孩对乳房硬块不必感到窘迫不安，也不要随便捏掐，以免损伤内部组织。

青春期的男孩乳房发育长大是一种乳房疾病。很多人会以为，男性不会像女性那样容易得乳房疾病。殊不知，小地方也往往存在大隐患，男孩有时也会跟女生一样被乳房疾病“骚扰”。

常见的青春期男孩乳房疾病有乳房增生和乳腺癌。乳房增生主要表现为一侧或双侧乳房发育增大，有时候乳房还会像哺乳期的女性一样分泌乳汁。乳房增生一般出现在21岁以前的青春期男孩身上，病人有时还具有女性化迹象，如声音尖细、嘴唇上没有胡须生成、臀部像女生一样宽大，严重的还会有生殖器畸形等问题。这主要是由部分男孩先天性睾丸发育不全或雌性激素分泌过多引起的。另外，长期处于饥饿状态和营养不良而导致肝功能受损等也可能诱发乳房疾病。男孩青春期时轻度的乳房增生大部分都会在两年之内自动消失，但如果乳房持续发育超过两年以上且伴随剧烈疼痛，则应该到医院进行检查治疗。

不用为长出来的体毛焦虑

男孩青春期问题：

读初三的小舟这两天偶然发现自己的身体出现了“异常”，那就是他的身上开始长出很多毛发，胳膊上、腿上、前胸、腋下等都长出了稀稀疏疏的黑毛发。小舟心想：“都说人是由猿人演变而来的，我越来越像‘猿人’了，是不是我要‘返祖’了呢？不会连我的脸上也长出毛发吧？”小舟有一种莫名的担心。

有一天，小舟将自己浑身长毛这件事情悄悄告诉了同学小辉，没想到小辉也一脸苦涩地说："哎呀，你身上也长毛了啊？我也正想告诉你呢，我的身上也长了很多黑毛，难看死了，我真是愁死了。有一天，我用剪刀把腿上的毛、腋下的毛都剪掉了，可是没过多久它又长出来了。这不，马上就要到夏天了，我都不敢穿短衣短裤了，真是没办法……"

小舟有些释然，他拍了拍小辉的肩膀说："原来你身上也长毛啊，呵呵，我以为就我自己有这个毛病呢。咱俩真是同病相怜啊，看来我们俩同时'返祖'了。不过，我们该怎么办呢？"

小辉回答说："你怎么不问问你爸爸呢，他不是个博士吗？"

"呵呵，我有点不好意思问他，他有点严厉啊！不过，也只能问他了。"小舟说。

爸爸送给儿子的密语

毛发在人体表面的存在和分布，是人类从猿进化到人依然保留着的祖先的特征之一。人类的体毛包括头发、眉毛、汗毛、阴毛、腋毛和胡须。无论男女，从出生起就都长有前三种毛发，到了青春期，这些毛发发育得更旺盛，同时还长出了阴毛和腋毛，男孩还长胡须。男孩后三种体毛，都是伴随性发育而出现的第二性征，也是男子汉的标志。

体毛的发育规律是由少到多，由稀到密，由短到长，由柔软到较硬，范围也逐渐扩大。男孩阴毛、腋毛的发育比女孩相应晚一年。一般来说，男孩最先长体毛的部位在阴部，腋毛的出现比阴毛晚一年左右，腋毛在人体的存在，也是不分男女的。腋毛的生长与人体内雄性激素有关，正常女性体内也有一定量的雄性激素，这就是说，女性一般也都会长腋毛。男孩胡须的发育比腋毛要晚一年左右，一般首先出现在上唇两侧，以后依次扩展到上唇中部、颊部及下唇中部，最后扩展到下颏。

阴毛、腋毛等体毛除了代表人的第二性征之外，还有一定的作用，前面我们提到了阴毛的作用，那么腋毛有什么作用呢？腋毛一般有两个作用：一是防菌，人体腋毛同阴毛一样，对它所生长的体表部位能起到遮挡、保护的作用，使腋窝部位不受外来细菌、灰尘等的侵袭；二是可以缓解摩擦，当手臂运动时，腋窝处牵拉着周围皮肤间总有摩擦力产生，腋毛长在腋窝中间，可缓解皮肤摩擦的力量，使腋窝皮肤不受擦伤。

此外，男孩进入青春期后，胳膊上、腿上也开始长出许多汗毛，有些男孩的体毛会特别多，甚至还会蔓延到胸部、腹部、背部、肩部乃至手臂。人们很难根据自己的主观意愿增加或减少体毛，因为一个人体毛的多少主要是由种族和遗传决定的。

毛发的发育，是人体发育的必然过程，胡须、阴毛、身体各处的体毛是男性的特征，也是健美的标志，这些都是第二性征的表现，和身高、体重的增长一样，具有其规律性。有些男孩会为自己过多的体毛而顾虑重重，误认为这是一种病态，有些男孩会千方百计把胡子拔去，有些会把胸毛剃去，有些会用脱毛剂把腋毛或四肢汗毛脱去，唯恐被人称为“野人”、“猿人”，这其实完全没有必要。

因此，处于青春期的男孩不要过于为自己长出的体毛而焦虑，让它们顺其自然地生长并保持清洁即可。至于胡子，因为除了是男性的标志外几乎没有实际用途，可用刮胡刀刮去，但决不可拔掉，以防皮肤感染。

第2章

少年情怀：早恋没有罪，你只是『被爱打扰了』

男孩进入青春期后，随着性生理也就是性器官及其机能的逐渐发展，其性意识和性心理也开始发展。在这一时期，男孩开始对异性产生强烈的好奇心，对异性产生朦胧的好感，甚至产生倾慕之情，渴望接近并探究异性这个世界，这是一种很正常的情绪情感，是青春期男孩必然要经历的一个阶段。因此，早恋、异性交往就会成为青春期男孩需面对的另一重要问题，处理好这一问题，男孩就会顺利度过这一“多事之秋”。

早恋是一朵带刺的玫瑰

男孩青春期问题：

小文是某市一所重点高中的高三学生，他长得高大健壮，也是班里的尖子生。可是今年高考成绩公布后，小文只考了500多分，他落榜了。学校的老师和父母一直都对小文寄予厚望，认为以小文平时的成绩一定能够考上一所名牌大学，没想到他到了关键时候成绩却一落千丈。

原来，就在高考前夕，小文的女朋友“背叛”了他，和他提出了分手，这让他伤心欲绝，最终高考失利。

3年前，小文以优异的成绩考取了市里的重点高中，在对大学生活充满憧憬的时候，他发现班里有一个长得很漂亮的女孩时常牵引着自己的视线。后来，他们成为了好朋友，放学后时常一起吃饭，夕阳下一起在操场上慢悠悠地散步聊天，一起分享、分担对方的快乐和痛苦，学习中也互相鼓励、互相学习、互相支持，两个人都觉得很幸福，不久他们就确定了恋爱关系。那个女孩的成绩在班里也很出色，父母对她也寄予了厚望，考上重点大学便成了他们两人的共同目标，他们互相承诺相约在大学校园里。

一转眼便到了高三，高考一天天临近，小文和女朋友的日子过得紧张而忙碌，但他们之间的矛盾也逐渐显露了出来。就在离高考只有一个月的时候，女孩突然对小文说：“我们分手吧！我觉得我们不合适。”“这怎么可能？怎么说分就分？”小文愣住了，他的责问和哀求并没有挽回女孩的心，从此小文陷入了“失恋”的痛苦中难以自拔，觉得被人抛弃是最不幸的，在同学面前也觉得没有面子，于是他整天无心顾及学习，成绩自然下降很厉害，最终他为早恋付出了惨重的代价——高考落榜。

爸爸送给儿子的密语

早恋是指在性生理或性心理上还未完全成熟的青少年之间发生的恋爱现象。进入青春期后，出现异性爱慕倾向的青少年，会主动接近自己喜欢的异性，双方交往频繁，相互倾心，导致恋爱的发生。

恋爱是不是太早，不应单纯从生理年龄上看，而要从心理发育成熟的程度来判断。青春期既是长身体、学知识的时期，又是性心理发生变化、对异性产生爱慕从而渴望结交异性知心朋友的时期。一段成熟的爱情是指相爱双方对爱情的真实含义有深刻理解并具有了爱的能力，又能处理好爱情和学业的关系，并决心把爱情之树栽培到收获的季节，懂承诺并有能力兑现爱情带来的义务和责任。

早恋就像一朵带刺的玫瑰，尽管有的青春期男孩一开始会被它的芬芳所吸引，然而一旦情不自禁地触摸，又常常会被无情刺伤。这是因为，异性之间的恋情是一种美好的情感，最初常常会给双方十分愉悦而深刻的情感体验，但大多数青春期的男孩性生理和性心理都没有发育成熟，他对于爱情的理解还不够深刻、全面，难免会在爱情的把握上出现失误。

早恋常常是由性冲动和外在的吸引而产生，缺乏深刻的思想情感方面的考虑；或者往往是由对方身上的某一方面的优点而产生倾慕之情，缺乏对对方的全面评价。青春期的男孩一般没有条件获得真正意义上的爱情，他与异性之间的感情经历往往是处于一种把异性理想化、为排解性压力和寂寞感而眷恋异性的阶段，表现出朦胧的、不确定的性爱意识。他们对异性的依恋有强烈的感情色彩，多半是对友谊的需求、对异性的好奇、对陪伴的渴望，并加上浪漫幻想的多重混合的心理活动。

虽说早恋与成熟的爱情同样是发自内心的真诚的情感表现，青春期的青少年对异性具有爱慕之情也是正常的心理现象，但与持久而真正的爱情相比，早恋往往难以持久，多半是不理智、不成熟的选择，而且早恋往往又加进了自己的幻想和情绪冲动，更容易造成过度狂热和痴迷。由于青春期男孩的情感不成熟、自我约束能力还较差，早恋在遇到波折，如感情转移、争吵、分离等情况时，更易于产生偏激行为，如殉情、恶性报复、离家出走、患忧郁症等，或者会在一时的性冲动之下，稀里糊涂地发生性关系，造成难以承担的严重后果，如怀孕、堕胎等。正因为这些，所以我们说早恋弊大于利。

早恋最直接的危害是严重干扰学习。由于处于性意识萌动期的男孩对于异性间的各种交往细节非常敏感，且自我约束能力也差，容易整天满脑子想着自己喜欢的那个异性，而没有心思去学习，上课、学习时注意力就难以集中。有关统计资料表明，那些在中学时代就耳鬓厮磨、如胶似漆地谈恋爱的男孩，容易学业荒废，爱情失败，甚至有的由“爱得深”变为“恨得深”，出现极端的报复行为。

我国著名教育家陶行知先生曾这样教导早恋的青少年：“每个人，无论男女，到了一定年龄是要谈恋爱的，但是，如树上的果子是熟的好吃，还是生的好吃？人也像果子要长得成熟，有了学问，会做工作，又有养育子女的能力，就好比果子熟了，那时就可以得到真正的幸福了，要是书还没有读好，工作能力没有培养好，谈恋爱会有好处吗？”

因此，处于青春期的男孩，如果对异性产生了爱慕之情，不要以为这就表示有了真正的爱情，更不要盲目地向对方表达爱情，而是要把眼光放得长远一点，用理智战胜自己的感情，把更多的注意力放在学习上，放在培养和加强自己各方面的能力和素质上，放在各种集体活动以及更广泛的男女交往中；要把对异性的爱慕之情作为一种珍贵的情感珍藏，将它化作自己努力前行的动力。

当然，我们也要避免走向另一个极端，有的男孩为了避免受到爱情的干扰，会拒绝与异性交往。异性间的交往应该是自然的，而且是十分必要的，它有益于双方的身心健康成长，互相取长补短，有利于个性的健全发展；异性交往还可以学会与异性相处的艺术，为今后的择偶、婚姻打下基础。

男孩子如何度过“异性好感期”

男孩青春期问题：

正上初二的彬彬有一次对爸爸诉说了他最近的烦恼：“我在初一时看到女孩不想和她们说话，但是到了初二忽然变得想和女孩说话了。有时看到女孩走过来就不自觉地迎上去，喜笑颜开地和对方打招呼。在学习、集体活动或参加劳动时如果有女孩在场，我就会觉得很有劲头，极力想在女孩面前表现一下自己，以引起她们的注意。每次上课前我都要特意在教学楼大厅里的镜子面前整理一下自己的仪表，以给班里的女孩留下好印象。”

有一次，我们班去野外植树，全班同学分成几个组，每个组要植完十棵树。最初，我和班里的三个男生分在一组，我们四个人有的挖坑，有的挑水，有的插树苗，有的填土。干了一会儿，因为没有做过这么高强度的体力劳动，我觉得很累了，想撂挑子，瞅准时机就偷懒，能少干一会儿就少干一会儿，同组的同学对我都很有意见。过了一段时间，同班的女生小姚过来帮我们忙，原来他们组已经完成了任务。奇怪，自从小姚来了之后，我好像一下子恢复了体力，非常卖力地干起活来，再也不感到那么累了，即使累得满头大汗我也不休息。因为小姚看到我这么卖力地干活，她赞赏地笑了，虽然同组的几个男生看到我的改变一脸的坏笑，但我心里还是美滋滋的。”

“我这是怎么了，我是不是个作风不正派的男孩？我好苦恼。”彬彬迷惑地问爸爸。

爸爸送给儿子的密语

青春期的少男少女正处于对异性的好感期，他们在性意识发展的过程中，度过了短暂的异性疏远期后，就开始对异性产生兴趣，开始关注周围的异性，并注意自己的着装打扮、言行表现等，以使自己在异性心目中留下美好的印象。这些表现都在表达他们对异性的好感或爱慕。

处于青春期的男孩常常会被周围女生的容貌或温柔文静的气质所吸引，有时他们会大胆地用传纸条、写书信、约会等方式与异性交往，有时会用开玩笑、嬉闹等方式获得与异性接触的愉悦的情感体验，这其实就是社会生活中普遍存在的一种“异性效应”。进入青春期的男孩，性生理上的急剧变化引起了其心理上的一系列微妙而复杂的反应，异性相吸的自然法则促使他们渴望与异性交往，并由此获得愉悦的情绪体验。

处于青春期的男孩对异性产生好奇、好感并想接近异性是正常现象，是性意识发展到一定阶段的必然表现。如果这种心理自然而正常地表现出来，男孩的性心理就容易得到健康的发展，而如果压抑或扭曲自己，则有可能会造成一定的心理障碍。

那么，青春期的男孩该如何顺利度过这段“异性好感期”呢？下面是几点建议：

第一，大方自然地与异性交往。

既然青春期的男孩对异性产生好感是一种正常现象，那就不要掩饰自己的这种心理，而是要大大方方地与异性接近，堂堂正正地与之交往。在与异性交往的过程中，男孩的言语、表情、行为举止、情感流露及所思所想都要努力做到自然、顺畅，既不过分夸张，也不闪烁其词。既不盲目冲动，也不矫揉造作。这种坦诚的正常交往对于双方的身心健康及学习生活都有良好的促进和影响。

第二，要留有余地。

与异性交往不能像与同性交往那样毫无顾忌。与异性交往虽不是说要“逢人只说三分话，未可全抛一片心”，但也要留有余地。比如谈话中涉及两性之间的一些敏感话题时要回避，交往中的身体接触要有分寸，不能肆无忌惮地开玩笑等。特别是在与某一位异性的长期交往中，更要注意把握好双方关系的尺度。

总之，对于男孩来说，只要保持自然健康的心态，掌握好分寸，大方坦然地与对方交往，就能够使自己顺利度过敏感的“异性好感期”。

为什么一见女生就脸红

男孩青春期问题：

初三男孩海祥平时总是一副大大咧咧的样子，不过，这是指他在与男生交往过程中的表现。海祥在与女孩交往时，似乎就马上“蔫”了，脸红耳热，说话也语无伦次，这是他害羞的一面。

一次在放学的路上，海祥正和班里的一个男孩边大声说笑着边往车站走。这时，班里一位女生从他旁边走过，跟他打了声招呼，没想到海祥一下子脸红到了耳朵根。这场面正巧被同行的那个同学看到了，这个同学就开他们俩的玩笑：“哟，海祥，脸还红了，不会对人家有意思吧？”弄得海祥很是尴尬，那位女生也很不好意思。

自那以后，海祥就完全没有办法自如地跟那个女生交往了，并逐渐发展到他与其他女孩交往时也会脸红耳热。海祥非常生自己的气，他觉得自己很笨，怎么连与女孩子交往的事情也搞不好。从此，他只好尽量躲着女生走路，可这怎么能躲得了呢？

这个难题一直困扰着他，但他又不好意思跟别人开口请教，只能一个人闷在心里。后来，爸爸发现了海祥恐惧异性的表现，于是和他有了一次长长的倾心谈话。

爸爸送给儿子的密语

青春期的男孩见到女孩就脸红，这其实是正常的生理和心理反应。由于此时男孩的性意识开始觉醒，开始意识到男生和女生的不同，使得他们对女孩产生了强烈的好奇心，促使他们想要了解女孩，但却又很害羞。这样，男孩跟女孩接触的时候，就会像条件反射一样地出现一些生理或心理反应。

青春期的男孩心理都会很微妙，尤其是在面对异性的时候。如此，他们明明对异性很好奇，表现出来的却是对对方的排斥；或者明明希望自己与异性大方愉快地交往，渴望与异性交往，可表现出来的却是害羞，可自己也说不清楚这是为什么。这种害羞大多是怕暴露自己喜欢异性的秘密。

那么，青春期的男孩该如何对待这种现象，如何减轻过强的生理或心理反应呢？

第一，把异性当做同性，与其交往。

在与异性交往的过程中，要尽量淡化性别意识，不要总想着对方是个与自己性别不一样的女孩，而只是把她当做普通的同学。要像对待同性同学那样对待对方，像与同性交往那样与异性交往。这样就会避免过度的敏感，使自己能够自然而然地与异性交往。

第二，扩大交际圈。

见到女生就脸红，也常常是因为缺乏与异性交往的经验所致，因而在与异性交往时就会手足无措，产生过强的生理和心理反应。因此，青春期男孩要不断扩大自己的交际圈，不仅要多和同性交往，还要多和异性交往，在不断的交往实践中逐渐增加与异性交往的经验。

第三，多参加有异性参加的集体活动。

青春期的男孩要尽可能地多参加一些有异性参加的集体活动，比如男女生之间进行的各种比赛、一起郊游野炊等。因此，以便在集体活动中增进对异性的了解，增加异性交往的经验，这样就可避免在与异性交往时出现过强的生理反应和心理反应。

其实，在学习和生活中，男孩只要不把与异性交往看得过于神秘，大方自然地与其交往，不断扩大自己的交往范围，不断积累与异性交往的经验，青春期男孩与异性的交往就不再是难题了。

收到女生的“情书”，怎么办

男孩青春期问题：

这是一节语文自习课，同学们都在认真地写作业。这时，阳阳后座

的一个女生要把借他的一本课外书还给他，但她还书时似乎有点犹豫，好像并不想还给他。阳阳于是说：“你如果没看完就继续看吧，我不着急看。”“不，我看完了。”那个女生急急地说，同时松开了手。此时，阳阳发现她的脸有些红，还完书后迅速地低下了头，和平常判若两人。

阳阳有些奇怪，不知道女孩是怎么了。阳阳和这个活泼开朗的女孩是很好的朋友，经常一起上下学，一起讨论学习上的问题，一起在校园的操场上漫步。阳阳看了看那本书，他这才发现书里夹着一张小纸条，纸条露出了一个角。

阳阳拿出那张纸条，展开一看，他的心顿时开始突突乱跳，脸发烫，原来那是女孩写给他的一封情书。阳阳只看了一眼，就迅速地把纸条攥在了手中。他把拿纸条的手伸进了桌洞里，又仔细地看了一遍，此时，他感觉到后座的女孩仿佛正用火辣辣的双眼紧盯着他的后背。那个中午，阳阳第一次没有等待那个女孩一起去吃饭，而是独自仓皇地逃出了教室。下午上课时他也总是走神，几乎什么也没有听进去。接下来很多天，他心里始终在想着那封情书，不敢再与后座的女孩讨论任何问题，甚至不敢回头看她一眼。阳阳不知道该怎样面对那个女孩，两人的目光偶然相遇时也是非常不自然。

阳阳这是第一次收到女孩的情书，这封情书让他乱了方寸，他不知道该怎样答复那个女孩，该怎样处理这封情书。

爸爸送给儿子的密语

男孩收到了女孩的情书，这是一件值得庆贺的事情，因为这说明你长大了，开始吸引异性的目光了，开始受到异性的喜爱了。所以，男孩没有必要为此感到羞耻或者不好意思，更不必为此有过重的心理负担。

接下来，男孩在决定如何处理这件事之前，首先要明白以下几个问题，然后细心地想一想该怎样回复这个写情书的女孩。

第一，要明白自己当前的主要任务。

处于青春期的男孩正是长知识、长身体的重要时期，这一时期人的身体各器官尤其是性器官正处于发育的阶段，记忆力、思维能力、学习能力、精力和热情等都比成人更强、更旺盛，从这个意义上说，青春期是人生中学习和成长的“黄金时期”。因而，学好文化知识、锻炼和培养较强的身体素质、心理素质、思想素质等是青春期男孩的重要任务。如果错过这一“黄金时期”，以后培养各方面的能力和素质就会事倍功半。

第二，要了解青春期男孩、女孩喜欢和爱慕异性的特点。

严格说来，青春期男孩、女孩的感情根本算不上是爱，充其量只是一种朦胧的好感、一种表面的喜欢罢了，他们只是被对方某一个表面的优点所吸引，比如帅气或美丽的容貌、动听的声音、温柔或勇敢的性格，他们还不能全面而深入地了解对方。异性相吸是自然界的法则，也是人类社会的法则，尤其对于青春萌动的中学生，男女两性相吸引是很自然的事情，男孩只要有某一点或几点被异性欣赏的优点，就很容易吸引女孩的目光和心灵。

第三，明白什么是真正的爱情。

真正的爱情是需要与责任相伴随的，真正的爱情需要给对方幸福，而要让对方幸福需要很多条件，比如一定的物质条件、爱人的能力、解决现实中困难的能力、与对方同甘共苦的能力、正确处理双方家庭及朋友关系的人际交往能力等。而处于青春期的男孩对自己都负不了责任，还要在经济、生活、情感上依靠父母，当然也就无法对喜欢的女孩负责任了。所以说，青春期的恋爱只是一种心理上浅层的喜欢，要实践真正的爱情还没有足够的条件。

了解了以上几点，我们就容易想出比较好的办法来对待女孩的情书了。

首先，我们不妨写一封回信表达自己的想法，委婉地拒绝对方爱的请求（当然并不是直接的、不留情面的拒绝，可以激励双方在现阶段将精力更多地转移到学习、锻炼各种能力方面等）。我们可以这样对她说："感谢你对我的认可，你是一个活泼开朗的好姑娘，我也希望和你永远是好朋友。不过，我们现在还小，还不懂得真正的爱情，我们现在的主要任务是搞好学习，是培养和锻炼自己各方面的能力和素质，你觉得呢？让我们一起为了考一个更好的大学、为了在各方面取得更优异的成绩、为了更美好的前程而努力吧，相信到那时，我们会收获更多的幸福。"然后双方都努力将主要精力投入到学习、参加各种活动、做更加有意义的事情中。

然后，继续大大方方地和写情书的女孩交往，就当她是和其他同学一样的好朋友，不要刻意地对她好，也不要刻意地躲避她。同时，要以同样的态度和其他的同学交往，多参加各种集体活动，而且也要鼓励对方这样做。随着学习生活的日渐丰富多彩，也许女孩的精力就会逐渐从爱情这个问题上转移开，并投入到更加有意义的事情中去。

对于女生的情书，男孩只要处理得好，在尽量不伤害对方的情况下巧妙地拒绝，就有可能会将这种异性间美好的情感转化为努力学习、努力奋斗的精神动力，就会让这种美好的经历成为人生珍贵的回忆。

"相思豆"已经发芽了，该怎么办

男孩青春期问题：

有一天，读高一的王俊在班级教室外的走廊里与同学闲聊，正在这时，走廊尽头走来一位女孩。女孩的身影刚一跃入王俊的视野，他的眼睛就盯在对方身上无法挪开了。那个女孩五官端正、皮肤白皙、长发飘逸、身材匀称，是很标致的美女。一直到女孩走进了隔壁教室里很久，王俊还在神游，连同学早已走了都不知道。

此后，王俊就总是找借口跑到隔壁班的教室去，比如，去隔壁班找哥们儿商量事情，到隔壁班去跟人借书、借钢笔等，或者去那里找同班的同学。其实这都是王俊想出来的借口，他的目的是看看那个女孩在不在，他还跟那个班的同学旁敲侧击地打听女孩的情况，关注她的一颦一笑，关注她的各种事情，想尽办法引起她的注意。每次看到她，王俊就会心里甜甜的，一整天都神采奕奕；如果女孩给了他一个微笑，他简直就像中了彩票一样狂喜；要是看不到女孩，他就会不开心、心烦，一整天都茶饭不思、无法安心学习、烦躁不安。王俊很想亲近她，找话题和她说话，可总是没有勇气。不管是上课、自习时，还是课间、放学回家的时候，不管是吃饭时还是睡觉时，王俊几乎每时每刻都想着那个女孩，满脑子都是她的身影。王俊时常想：“我真的爱上她了，我该怎样向她表白呢？”

爸爸送给儿子的密语

处于青春期的男孩，如果正巧遇到了一个他喜欢的异性，那他就很容易对对方产生好感，进而将自己的情感投注到对方身上。他会十分渴望接近对方、渴望与对方同甘共苦、与对方分担痛苦、分享快乐。此时，男孩心中的“相思豆”就开始发芽，当他喜欢的女孩不在身边的时候，他就会对她产生强烈的思念，这是情窦初开的少男正常的情绪情感。

如果“相思豆”已经发芽，我们该怎么办呢？以下是几条建议：

第一，不要轻易说“爱”字。

青春期的男孩对异性有好感和爱慕，这是正常的。对异性的爱慕是一种很美好、很神圣的感情，但它与真正的爱情还有很大的距离。此时，我们不要轻易向对方表白爱情，不要轻易地跟对方说“爱”字，而应该在心里好好珍视这种美好的情感。否则，可能会因为弄巧成拙而将美好的情感破坏，导致双方纯真的友谊也遭到破坏。

第二，尽量减少单独接触。

青春期的男孩比较容易冲动，尤其是面对异性情感这一更容易引起心绪波动的事件时。如果男孩喜欢上了某个异性，要尽量减少与对方单独接触的机会，这样可以避免各种冲动性的行为。

第三，大方地与对方在公众场合交往，进一步了解对方。

很多时候，青春期的少男少女间会因为不了解而喜欢，因为了解而不再喜欢。少男少女对异性的喜欢往往具有光晕效应，最初对异性的喜欢和爱慕往往只是因被对方某一点外在的表象所吸引，比如被异性美丽的外表、动听的嗓音等所吸引，进而将对方很多方面的特点都想象成是美好的。随着彼此进一步的交往和了解，也许我们会发现对方身上也有自己不喜欢的缺点，比如任性、懒惰、自以为是等。因而，青春期的男孩如果喜欢上了一个异性，不妨大大方方地与其交往——最好是在公共场合下与其交往，在不断的交往中加深对对方的了解，这样可能会发现她原来也有让我们不认同的缺点，这样可能就会避免自己对对方有过深的迷恋。

第四，转移注意力。

青春期少男少女激情四射，如果生活很清闲，当思念对方的时候，就容易对喜欢的异性胡思乱想，沉溺其中难以自拔。这样，与其独自胡思乱想，不如走出去运动运动，比如打球、跳舞、跑步；或将注意力放到学习上、或者去做一些自己感兴趣的事情，尽量转移自己的注意力。注意力一旦转移，思念的痛苦就会减轻。

第五，多交一些异性朋友。

多交几个异性朋友，有助于自己更清楚地认识异性，克服异性交往的神秘感，而不至于沉迷于对一个异性的思念中不能自拔。当然，跟异性朋友不能像跟同性朋友一样亲密无间，保持适当的距离还是必要的，在异性面前适当地收敛自己的言行举止，可多参加一些有异性参加的集体活动，这样可以让自己对异性渴慕的情感得以很好地释放。

在青春期，“相思豆”已经发芽，我们不要急于看到爱情长大开花，少男少女在这一美好的花季里，还不具备让爱情开花结果的适宜土壤。此时，最重要的是要努力培育爱情成长的肥沃的土壤，那就是要不断让自己的身体和心灵成熟起来，不断培养自己较高的学习能力、较强的爱的能力、较强的人际交往能力和解决问题的能力等。

怎样才能走出失恋的泥沼

男孩青春期问题：

亮亮是一名初中三年级的学生，最近，他心情非常糟糕，情绪低落，容易冲动，好发脾气，失眠烦躁，学习时常常心神不宁，上课时总是神思天外，几乎听不进老师所讲的内容，为此他的学习成绩一落千丈。除此之外，亮亮对原本很感兴趣的篮球、足球等体育活动再也提不

起兴趣。造成以上这些问题的原因是：亮亮最近失恋了。

亮亮初二刚转来这个新学校时感觉有点自卑，因为他的英语学习很薄弱，曾好几次遭到英语老师的批评，再加上刚到一个新的环境，很多同学不认识，对新的生活也不适应。因此，亮亮感觉很孤独。就在这时，他认识了班里一个快乐开朗的女孩。女孩经常帮助亮亮，经常与亮亮一起聊天，这逐渐消除了亮亮心中的孤独感，慢慢地，亮亮逐渐喜欢上了她。于是不久，亮亮就勇敢地向女孩提出要做她的男朋友，而她竟然答应了。两个人一起度过了近一年的快乐时光。可是到了初三，女孩突然向亮亮提出分手，因为她喜欢上了另一个男孩。亮亮听到女孩的话痛苦万分，感觉像是到了世界末日，因此出现了前面所说的种种不良的行为和心理表现。

爸爸送给儿子的密语

失恋常常会给失恋者带来巨大而持久的痛苦，虽然处于青春期的少男少女的恋爱还称不上真正意义上的恋爱，但这种恋情消失后也会给双方带来很深的痛苦。失恋者或者会心灰意冷、一蹶不振，或者会对旧恋人念念不忘，陷入单相思的痛苦泥沼中不能自拔，严重的甚至还会有轻生、失去理智、蓄意报复对方等严重问题。

青春期男孩由于年龄小，缺乏恋爱经验，缺乏承受恋爱挫折的经验和能力，更容易盲目恋爱，也更容易失恋，且失恋后也往往难以处理严重的心理伤害，影响学业和生活。如果不幸遭遇失恋，男孩该怎么办呢？

第一，倾诉出内心的苦闷。

失恋后一定会心情苦闷，孤独无助，伤心欲绝，产生失望甚至绝望等情绪。如果这些不良情绪长时间压抑在心底，就容易导致心理疾病，影响身心健康，影响日常生活和学习。因此，男孩失恋后不妨找一个交心的朋友，将内心的种种苦闷向他一吐为快，尽量把各种不良的情绪释放出来，或者向父母、老师、心理咨询人员倾诉出内心的苦闷，这对于缓解痛苦和压力有一定的帮助。当然也可以通过写日记或者打电话、给远方的朋友写信等方式将内心的苦闷表达出来，这些都是很好的释放不良情绪的方式。

第二，利用酸葡萄心理让自己平衡。

所谓酸葡萄心理，就是指因吃不到葡萄而谎称葡萄是酸的。这种心理用在生活中，就是对于得不到的东西，就说这个东西有很多不好的地方，以此来让自己获得心理平衡。“金无足赤，人无完人。”自己喜欢的异性也不是十全十美的。失恋后，男孩可以把对方的缺点一一写下来，因想念对方而难过时拿出来看看，这样可以减弱自己对对方的情感依恋，减轻自己的痛苦，有助于自己从失恋中走出来。

第三，情感转移。

每个人在情感上都有能够依靠的对象，比如父母、好朋友、某样喜欢的物品等。失恋后，自己的情感就会失去很多依靠，这是最让人感觉痛苦的事情。因此，男孩失恋后可以想办法把情感转移到失恋对象以外的人、事或物上，与朋友谈谈心，以获得安慰和开导，或者去做一件感兴趣的运动，以宣泄情感，陶冶性情。

第四，自我激励。

失恋对很多人来说都是一个巨大的挫折，战胜这种挫折需要持续的精神力量。而自我激励可以给人以精神力量，帮助自己战胜失恋的挫折。因此，失恋的男孩可以找一些激励自己的话，给自己鼓鼓劲儿，比如每天激励自己“天涯何处无芳草”、“现在得不到我想要的，将来我一定能够得到更好的”等。

失恋是痛苦的，但失恋也是让自己成熟的良好时机。男孩如果努力采用积极的态度去面对失恋，并采用合理的方法去战胜痛苦，就会使自己从中得到心灵的提高和升华，或许痛苦会转化成巨大的力量，从而创造出更大的成绩。如著名作家歌德就是在失恋的痛苦中努力创作出了《少年维特之烦恼》这部不朽的作品。

男女生之间真的没有友谊吗

男孩青春期问题：

飞飞和晓燕是同班同学，他俩的妈妈也是好朋友，两家又住在一个小区里。因此，飞飞和晓燕从小就经常在一起玩，一起上下学，一起做很多事情，两人彼此的兴趣也有很多相同的地方，因此两人也很自然地成为了好朋友。

等到飞飞和晓燕都上了同一所初中，他们还是交往很多，同学们就开始对他们俩的交往议论纷纷了。

有一次，班里组织去游植物园。飞飞和晓燕又走到了一起，他们很开心地一边观看各种植物，一边热烈地讨论着：“晓燕，你看看仙人球开的花真好看。”“飞飞，快来看这里的树，真的好独特。”

快要集合回校了，两个人还在意犹未尽地东看西看。突然，晓燕大叫道：“哎呀，我的书包找不到了。”

“我帮你找吧！”飞飞听到后就开始按原路返回帮晓燕找起了书包。飞飞脚步快、动作快，眼神也好，不一会儿，他就在一处草丛里找到了晓燕的书包：“哦，你的书包在这里呢！”正当飞飞亲手把书包递给晓燕时，班里几个同学看到了，于是他们开始起哄：“看看这对小恋人，互相之间多体贴啊！”

“哇，飞飞和晓燕在谈恋爱，太幸福了哦！”

同学的话让飞飞和晓燕很是尴尬，飞飞急忙解释道：“我们是纯洁的友谊……”

“你们听听，还纯洁，还友谊，谁信呢？一男一女整天这么亲密地在一起还是友谊？”一个男生一脸坏笑地对同伴说。

飞飞和晓燕原本很融洽自然的朋友关系让这几个同学的玩笑话给搅乱了，从此，两个人再也不能很自然地交往了，他们很是困惑：难道男女之间就没有友谊吗？

爸爸送给儿子的密语

青春期男孩与异性间的交往不仅是必要的，而且也是十分有益的。但由于青春期是性意识开始发展的重要时期，因而少男少女都会对异性充满好奇、对异性很敏感。相应地，他们对异性交往也会很敏感，很容易把异性间的友谊与恋爱相混淆。

青春期男女在相互交往中产生了对对方的好感，这常常只是一种友谊，我们不能简单地把这种好感、友谊当做爱情。很多处于青春期的男孩女孩因为不能深刻地理解友谊和爱情的内涵，常常不能很好地把握友情与爱情的界限，分不清异性间的好感到底是友情还是爱情，因而很容易把对异性的好感当做爱情，或者让别人把自己对异性的好当做恋爱。

因此，对于青春期男孩而言，把握好爱情和友情的尺度是非常重要的，这是正确处理异性交往关系的重要条件，也是人格健全发展的重要条件。

爱情和友谊有很多不同，要把握好友情与爱情的尺度，就要把握好二者的区别。

第一，友谊和爱情能够维持的基础不同。

友谊能够维持的基础相对比较简单，无论同性之间还是异性之间，产生友谊的两个人可能只是某一方面具有共同点。比如两个都爱好音乐的人可能会成为朋友，或者两个人来自或生活在相同的地域，或者具有同样的生活经历，或者具有同样的理想等，这样的两个人都可能会成为朋友。而爱情能够维持的基础却很复杂，双方要具有相同的志趣，还要有相同的人生观、价值观、人生追求等。

第二，两者情感的体验不同。

相爱的两个人总有一种强烈的想要与对方在一起的冲动，会想方设法与对方取得联系，不仅在心灵上渴望相互交流，在身体上也渴望亲密接触。否则，就会寝食难安，一切活动都索然无味。而朋友之间如果长时间不见，虽然也会有想见的渴望，但这种渴望常常是平缓的，即使没有见到对方，也很少会严重影响学习和生活。

第三，排他性不同。

排他性是爱情区别于异性友谊最显著的特点。排他性是指一个人一旦与某一个异性产生爱情后，就会强烈地排斥恋人接受或注意其他任何异性的好感或爱慕，如果恋人与另外的异性关系很近，就会让自己感觉很不舒服。而异性间的友谊却不具有这种排他性，不排斥异性朋友与其他的异性产生友谊。也就是说，爱情具有专一性，而友谊却具有广泛性。

第四，思想情感的融合程度不同。

产生友谊的双方具有很大的独立性，他们只是在某一方面或某几个方面有较浅程度的交融，而爱情的双方却需要彼此的思想、情感、价值观、追求、各自的优缺点等各方面都有更深程度的交流，并渴望彼此在这些方面全面而深刻地交融。

因而，青春期男孩要了解友情和爱情的区别，并用心把握好友谊和爱情的度，学会与异性交往。

性幻想不说明你是坏孩子

男孩青春期问题：

一天晚上，杨东正在网上与网友聊天，这时网友给他发来一个网址，杨东想都没想就把它打开了。结果，各色各样的美女图片和情侣图片都映入了杨东的眼帘，这些图片让情窦初开的杨东很兴奋、很紧张，他禁不住心跳加速、脸红耳热起来。

杨东慌里慌张地跑到门边把屋门锁上，又一次次地看起了那些图片，边看边幻想着和那些美女在一起时的美好情景。早已过了睡觉时间，杨东才关了电脑，躺在床上，他怎么也睡不着，头脑中不禁把那些美女图片以及自己与她们在一起的情景又回放了几遍。

就这样折腾了好半天，杨东才终于睡着。第二天上课时，杨东一直都精神恍惚，一会儿想象着自己跟这个美女聊天，一会儿想象着自己跟那个女孩牵手游玩，一会儿又想象着自己拥抱、亲吻着某一个女孩。几乎一整天，杨东时不时地就会陷入这种性幻想中，而一清醒过来他就又在心里咒骂自己，觉得自己变成了一个不正经的流氓。

爸爸送给儿子的密语

性幻想是指人在清醒状态下对与性有关的事件的想象，是自编自演的带有性色彩的故事或情节片段，也称做白日梦。由于性意识的发展，青春期的男孩会有一定的性欲望，这种性欲望是正常的，每一个身心健康的男孩、女孩到了一定的年龄都会出现。当这种性欲望无法在现实生活中得到满足的时候，人就会很自然地通过幻想的方式来满足自己。

处于青春期的男孩，对异性的爱慕和渴望会很强烈，但他又不能与所爱慕的异性发生实际的情爱、性爱行为以满足自己的性欲望。因此，他会把在电影、电视、杂志、书籍中看到过的情爱或性爱镜头和片段，经过重新组合，在头脑里虚构和幻想成自己与爱慕的异性在一起的种种细节，以达到自我安慰的目的。性幻想是人的一种正常的心理和行为，每个人在现实生活中其性欲望得不到满足的时候都会有性幻想，青春期男孩有性幻想也是他性生理和性心理健康发展的表现，这并不说明他就是个不正经的或缺乏道德的坏男孩。

虽然性幻想是一种正常的心理和行为，但对处于青春期的男孩，过度沉溺于性幻想则是不利的。性欲望可以产生性幻想，反过来，持续的性幻想又会增强性欲望，过强的性欲望则会让人产生采取性行动的驱力，因而有可能使自己盲目地、过早地进行性行为。同时，过多的性幻想会浪费很多时间、精力，容易影响学业。因而青春期男孩不能一味地任自己幻想下去，否则对自己的身心发展极为不利。

那么，我们该如何正确地对待性幻想呢？以下是给青春期男孩的几点建议：

第一，避免过多的性刺激，注意性生理和心理卫生。

我们知道，过于沉溺于性幻想对身心是不利的，因此男孩要通过一定的途径来减轻这种性幻想。如果我们了解一些性生理、性心理卫生常识，就能容易避免过多的性幻想。比如，我们要懂得生理保健，不穿过紧的衣裤，避免过多地刺激性器官，不看淫秽的图片、文字、视频之类可导致性幻想的东西等，这些方法都可以起到避免过多的性幻想的作用。

第二，分散注意力，积极进行自我调控。

男孩出现过多的性幻想时，要及时分散注意力，努力去做一些其他的有意义的事情，比如体育运动、打扫卫生、画画、和朋友聊天等。另外，男孩平时要有意识地培养自己的高尚情操，多看一些趣味高雅、内容深刻健康的文艺作品，多参加丰富多彩的文体活动，多培养高雅的生活情趣，自觉培养对性诱惑的抵抗力，增强自己的意志调控能力。这样，既丰富了自己的内涵，又可以调剂生活；既充实了自己的心灵，又有效地疏解了精神上的压力，性幻想自然就会减少。

对待性幻想，青春期男孩要不自责、不烦恼，不任其盲目发展，不沉溺其中。要以一颗平常心对待性幻想，并将注意力转移到各种有意义的事情中去，这样才能促进自己的身心健康发展。

不因自己的性冲动而伤害了她

男孩青春期问题：

小惠和小光是同班同学，小惠是个漂亮女孩，她有着俊俏的脸蛋、白皙而光滑的皮肤，说话的声音也是甜甜的，小光暗暗地喜欢上了她。

有一天，小光放学后去校门口的租书店租书，没想到遇到了小惠，小光高兴得手足无措。

“你好，小光，真巧，你也来租书啊？”小惠大大方方地问小光。

“啊，啊……你，你也来租书？”小光有点语无伦次，但他兴奋异常。

“是的。”小惠并没有发现小光的异样。

“你租好书了吗？我们一起回家吧？正好我们也顺路。”小惠租好书招呼小光道。

冬天昼短夜长，小惠和小光走出租书店时天已经有些暗了，好在离家都不远。小路上人不多，两个人一前一后走着。在昏暗的路灯下，小光回头发现了小惠的一张脸比白天更加妩媚。

小光心里顿时像是装了一只小兔子：“我真的好想抱抱她，亲亲她，每次看到电视剧里男女主角接吻时我的心就会怦怦乱跳，那种初吻的感觉一定很美妙……”但他不由得加快了脚步，生怕小惠发现了他内心的秘密，因为他没有勇气去亲吻小惠。

“喂，你走那么快干吗？等等我好吗？”小惠在后面埋怨道，可是小光不敢慢下来。

小光不知道自己这是怎么了，那么害怕小惠追上自己，那样他可能就会忍不住去吻她。他直埋怨自己：“我今天真是疯了，怎么会有这么肮脏的念头？”

爸爸送给儿子的密语

人类有很多本能，性本能是其中的一种，性本能也就是与异性有身体的亲密接触、与之发生性关系的本能。在青春期的时候，这种性本能十分旺盛，男孩很容易会有性冲动，如有与女性接吻、拥抱女性、抚摸女性胸部或屁股的想法等，这些性冲动都是非常自然的表现，它们的发生在很大程度上是由于性发育过程中性激素加速分泌的结果。

对于处在青春期的男孩，由于其性生理和性心理还没有发育成熟，如果对自己的性冲动不能很好地加以控制和约束，就很容易做出不理智的行为，带来各种不良的后果。比如与异性盲目地发生性行为，导致女方怀孕、堕胎或者患上妇科疾病等，而青春期的男孩还没有足够的能力来承担这些后果，因而会给双方以及双方的家庭造成不同程度的伤害。

人是一种社会性的动物，有思维、有思想，所以人的本能性冲动可以受大脑的理性控制，人的意志完全可以战胜人的本能的性冲动，可以通过道德和行为的约束不致让性冲动像洪水一样泛滥，这是人的一种道德素养。

因而，青春期男孩要努力学会克制自己的性欲望、控制自己的性冲动，努力成长为一个有教养、有责任心的真正的男子汉。具体来说，可从以下几个方面去努力：

第一，避免过多的性刺激。

这一点我们前面也提到过，可以激发性兴奋的语言信号、图像、气味、触碰异性身体等各种性刺激都可以引起人的性冲动，意志薄弱的青少年就容易将性冲动转化为实际行动。因而，为了避免强烈的性冲动，男孩要尽量避免过多的性刺激，自觉抵制各种性的诱惑。

第二，丰富自己的生活和人际交往。

如果因为害怕对方或自身的性冲动，而从健康的异性交往中逃离出来，采取独来独往、一心专注于学习的方式也是不可取的。因为性冲动是人体内的一种能量，如果这种能量不能释放出来，就会极大地伤害机体，并左右人的行为。因而，比较可靠的做法就是不断丰富自己的生活，积极参与各种集体活动，尤其是有异性参加的集体活动，如体育活动、文娱活动、知识竞赛等，多观看一些健康的影视节目，积极培养多方面的兴趣，淡化自己头脑中对于性的注意，转移大脑中枢神经的兴奋中心。

第三，规划自己的理想和未来，并努力追求自己的目标。

如果一个人有了远大的理想，有了奋斗的目标，就会有努力的方向，有事情可做，不至于无所事事，这样他就会把内心的性能量转化到努力实现理想和目标方面上。因此，青春期男孩要树立远大的理想，用心规划好实现理想的路径和计划，并努力把精力投入到执行计划、实现理想的实际行动中，这样也可以减少性冲动。

第四，培养自己的自制力。

自制力是克制性冲动的重要条件，自制力强的人一般能够有效地克制自己的性冲动，反之，自制力弱的人却很容易在不合适的时机和场合将自己的性冲动转化为实际的行动。因而，男孩要在日常生活中努力培养自己的自制力，通过转移自己的注意力等方式来克制自己的部分欲望。

综上所述，性冲动虽然是青春期男孩的正常现象，但如果将这种性冲动不顾后果地转化为实际行动，那就变成了不道德、不负责任的行为。因而，男孩要努力通过以上方法克制自己的性冲动，努力将性冲动的能量升华，去从事有意义的事情。

了解避孕的相关知识

男孩青春期问题：

读高一的江海已是一个高大健壮的小伙子了，他喜欢上了同班一名漂亮的女生，两个人经常手拉手去公园、去河边、去草地幽会。江海在看过一次有关性的录像带后，他的欲望就像火苗一样越烧越旺。每次与那个女孩在一起，他都会抑制不住地产生性冲动，多次提出要与女孩发生性关系。

终于有一次，江海拉着女孩走入了一片小树林，在那里他们发生了性关系。之后在两个星期内又发生了两次，每次江海要与女孩发生性关系，女孩都是半推半就，但最后都在江海的持续攻势下就范了。每次发生关系后，女孩都会担心地问江海："怀孕可怎么办啊？"可江海每次都安慰女孩说："哪那么容易怀孕啊？有的人发生了很多次性关系都不会怀孕，别怕，不会那么轻易怀孕的。"

爸爸送给儿子的密语

随着人们性观念的不断开放以及当今社会青少年的性早熟，性行为已经成为一个不可回避的话题，而如何避孕也应成为青春期男孩必须要了解的知识内容。

因为，如果不懂避孕而在性冲动下与女性发生性行为，就有可能会导致女方怀孕，而怀孕要付出巨大的代价，不仅会给女方身心造成很大的伤害，流产还可能导致女方终身不孕。而了解了避孕方法，就会在很大程度上避免怀孕以及怀孕带来的种种不利后果。

避孕是指通过人为的方法阻止男性的精子和女性的卵子相结合，从而避免其生成受精卵并发育成胎儿的做法。常见的避孕方法主要有以下几种：

第一，使用避孕套和阴道隔膜（女用避孕套）。

男性使用避孕套或女性使用阴道隔膜也是避孕的方法。男性使用避孕套是最常见的避孕方法。在用避孕套之前，必须避免阴茎和阴道的接触，性交时避孕套需戴好，射精后，在阴茎疲软之前须将阴茎（连同避孕套）拔出，否则避孕套可能会滑进女性阴道中，使避孕失败。在使用避孕套之前要检验一下避孕套是否有漏洞，以防止精液漏入阴道中。

第二，体外排精。

体外排精是指在性交达到高潮即将射精的瞬间，人为地中断性交，男子将阴茎从女性阴道中抽出，以使精液排在女性阴道外的做法。男子在性生活的整个过程中，其性反应是在大脑皮层的控制下完成的，如果在高潮时突然中断性交，会使性中枢神经和腰骶部射精中枢的功能发生障碍。时间久了，就容易患有功能性不射精症，甚至可能引起早泄、勃起功能障碍。而且体外排精的避孕效果并不好，因为在射精之前，可能就已有一小部分精液伴随输精管的收缩流入了阴道，这也可能会让女性受孕。

第三，计算安全期法。

安全期是指女性在生理上不容易受孕的时期。安全期的推算方法是从女性下次月经来潮的第一天算起，减去14天就是排卵日，排卵日及其前5天和后4天加在一起就成为排卵期，而一个月中排卵期之外的时间就是安全期。可以通过避开排卵期、在安全期内性交来达到避孕的目的。这种方法只适用于月经周期非常规律的女性。

第四，女性口服短效避孕药和注射避孕针。

女性口服避孕药或注射避孕针也可达到避孕的目的。短效口服避孕药不仅对女性的生理干扰幅度小，而且长期服用还可调整月经周期，减少月经出血量，缓解痛经。但是口服避孕药也有一定的副作用，少女在服用时应谨慎。如果漏服避孕药必须在规定服药时间的12个小时内进行补服。要把避孕药放在干燥、阴凉处，以防变质而影响疗效。避孕针容易引起月经不规律，不适合处于青春期的少女使用。

当然，我们讨论避孕方法并不是支持青春期男孩去进行性行为，因为任何一种避孕方法都不是绝对安全的，绝对安全的避孕方法是不要进行性行为。无论如何，青春期都不是一个发生性行为的适当时期，性行为像恋爱一样，只有在合适的时期里、在合适的情况下才是甜蜜幸福的。

浪漫骑士：用性开放颠覆性道德？

男孩青春期问题：

黄占云是一名教师，由于职业的缘故，他觉得和同代人相比，思想还是比较能和当下青少年接轨的。

但在与儿子——一个年仅15岁的少年——的一次谈话后，还是让他还是感到震撼和担忧。

那天闲来无事，黄占云信步走进儿子的房间，准备看看儿子的学习情况。没想到，他一脚踏进去，正看见儿子慌慌张张地关掉一个网页。

黄占云是个急脾气，他三步并作两步走过去，压住儿子准备关电脑的手，严肃地说：“别动，我看看你到底在干什么？”

原本有些惊慌失措的儿子见到爸爸如此反倒镇定了，他非常坦然地说：“没什么，我只不过看看一个讨论性道德的博客。”

“性道德？”黄占云打开儿子看的博客，发现里面的观点有点前卫和尖锐。

黄占云忽然感觉很头疼，他觉得关于性的很多问题，对于一个15岁的孩子来说还太复杂。当儿子问他是否同意博客里的观点时，他连忙顾左右而言他，“哦，这个问题等你长大了再说吧，现在你根本就不懂怎么回事。”

这话似乎刺激了儿子，他激动地说：“谁说我不懂？不就是男人和女人那些事吗？有什么关系？我很赞同这里面的观点，性自由也是人的基本权利之一。‘一夜情’怎么了？‘多边恋’有什么不好？我觉得性开放很好。”

黄占云惊呆了，他抡圆了巴掌就要打，可是手举到空中丈量了一下，看到儿子瞪得圆圆的眼睛，又无力地放下了。孩子长大了，这一巴掌下去，说不定打出什么来呢。他强作镇定了一下，拍了拍儿子的肩膀说：“你不能这样，你根本就不懂。”

儿子有些愤怒了，说：“谁说我不懂，你老是把我当成小孩子，我已经15岁了，我们班男生有好几个人都已经和女生尝试过了，我还守身如玉，就是你老学究，总是说我是孩子，让我对自己非常不自信。”

黄占云有些崩溃，他气结地说：“你怎么会？你怎么会……”

“爸爸，我是男人了，我也需要有性生活，我爱上了我们班里的一个女孩，她也爱我。我们商量好了，如果这种关系能够维持到明年，那么我们就准备尝试一下。现在都什么年代了，您不能再‘躲进小楼成一统’了，别忘了，清政府闭关锁国，才导致中国的没落。美国的少年像我这么大，没有几个是处男了，您应该接受这个现实。”儿子理直气壮地说。

黄占云却有些英雄气短，他一时不知该说什么好，只好干巴巴地说：“性道德，性道德，这是不能丢掉的东西。”他忽然觉得站在与自己等高的儿子面前有些恐惧，自己老了吗？

儿子却显得很兴奋，他说：“爸爸，你放心吧，我不会学坏，我能掌握尺度，我只不过要做个浪漫骑士，我很想在我的战场上找到适合我自己的生活方式。不过我会克制自己，不会破坏法律，也不会去挑战做人的底线，只有这样，才是真正的男人。”

爸爸送给儿子的密语

儿子，也许你在想，这个社会就是这样：长江后浪推前浪，把一排排前浪拍在沙滩上。爸爸们都太过于传统了，已经不适应开放的时代了。新的太阳照在新生代的身上，把老一辈人的背影描绘得更加惨淡，但只有这样才能称得上是进步。

爸爸不会阻止你这样想，但是并不是每一个新的开放的东西都是好的。关于性道德，尽管这是一个沉重的话题，你可能并不喜欢，但是还是要跟你说一说。

这样说吧，干将、莫邪不会把没有铸成的剑随便送人使用，他们可不想被人们认为“徒有虚名”。在铸剑的过程中，干将、莫邪忍受得了诱惑，耐得住寂寞，制范、调剂、熔炼、浇铸、加工、打磨、淬炼、砥砺开刃……规范很传统，他们不愿错过一步。如果你懂得这个道理，那么首先，你不要随便让你的宝剑开封。

性是每个人人格的一部分，是一种本能。如果你被性控制住，那么你怎么还能去控制自己的人生呢？其实，很多人所谓的性开放，只不过是对自己的性欲不进行控制，过于随便。郭德纲有一句说：我从不随便，我随便起来不是人。很有意思，很有道理，人若随便起来，真的就与“非人”无异了。对性的控制，决定着你要扮演一个怎样的人，决定着你要过怎样的人生。除非你心甘情愿做那些“性开放思想”的奴隶，否则，你先给自己那被冲昏了的头脑泼点凉水，建立起自我观念，学会尊重自己，尊重异性，然后再研究关于性的问题。

爸爸知道，处于青春期的你，因为雄性激素的作用，会有性的冲动，因此最容易受“性开放”思想的蛊惑而放纵自己。但那不过是给自己找借口，让自己随心所欲。

性是一种非常美丽的东西，是两性之间最神圣、最崇高的感情，缺少爱情的性是没有灵魂的躯壳，很多孩子不懂这些，只想越过一道防线，大谈性感、快感，不期然地把自己变得猥琐了。

性没有下流之说，也没有罪恶性，它是自然的、美妙的。但是你还是中学生，如果这个说法你不喜欢，那么换一个说法，你还没有足够成熟，不成熟让你无法真正领悟男女之爱，过早涉足性行为，对身体学习都不利。如果发生意外怀孕和堕胎，那可能会给你造成一生的痛苦。别以为美国很开放，美国在中学生中早就开展了“等待真爱”的运动，大多数男孩子还是愿意选择等待。

非婚姻的性行为，你可以说那是开放，可是那不符合人类的行为规范，危害人的身心健康，会毁掉人们之间最真最美的感情，尤其是影响青少年身体发育和心理成长。

总之，儿子，人生需要耐得住寂寞，只有那些沉得住气、敢于控制自己的，才有资格当真正的英雄，也才能成为最受拥戴的男子汉。

第3章

调整心态：把烦恼抛在脑后，与心理问题说“再见”

青春期有很多别名，比如“心理断乳期”、“心理动荡期”、“急风暴雨期”、“多事之秋”等。这是因为，青春期的少男少女由于身体上的剧烈变化，导致了心理上的不适应，在心理上产生激烈的变化。在青春期，由于家庭教育、学校教育以及社会环境的影响，很多男孩容易出现一些心理问题，因此，应对各种烦恼和心理问题成为青春期男孩的一个重要任务。

青春期孩子为什么容易烦躁

男孩青春期问题：

晓利最近整天烦躁不安，在学校动不动就冲同学发脾气，每次回到家也几乎与父母无话可说，吃完饭就钻进自己的房间。

同桌有一次对晓利说："晓利，我发现你最近有点不对劲啊，怎么了？"晓利半说半唱地回答说："烦，烦，烦……我最近比较烦，比较烦……"

"烦什么呢？谁惹你了？"同桌问。

"你看我们的父母那一代，从小到大，一切都让国家给安排好了，不用自己操心，毕业给工作，单位给房子，生老病死样样有人管，'大锅饭'的日子也好混，周围的人都一样，又没有大款、富翁的刺激，可以安安稳稳地过一生。可我们生在什么年代呢？社会变化这么快，竞争这么激烈，现在找工作连硕士生都不吃香了，房子、汽车得多少钱啊！今天报纸上说经济过热，明天又说通货膨胀，今天说物种濒危，明天又说空气警报……我们咋这么倒霉啊！你说我能不烦吗？"

爸爸送给儿子的密语

青春期是一个人心理异常敏感的时期，也是容易产生种种烦恼的时期。且不说青春期孩子面临着周围社会环境的多元的、复杂的变化，仅仅是他们自身所面临的身心急剧变化也会让他们长久躁动不安。

由于青春期孩子在生理上、心理上都会产生巨大的变化，而且他们正处在人生观、世界观、价值观逐步形成的时期，面临着自身和社会环境的各种复杂变化，很容易产生心理上的不适应，引起许多心理上的矛盾冲突，这些矛盾和冲突常常会成为让青春期的孩子心理烦躁的重要原因。

具体说来，青春期孩子会面临以下几种心理矛盾：

第一，美好愿望与现实能力脱节的矛盾。

几乎每一个处于青春期的孩子都会对未来有着美好的愿望，对未来充满着憧憬和向往，但他们的愿望常常会脱离实际，会盲目追求某种成功表面的荣耀，却难以认识到自己的现实能力并脚踏实地地付诸行动。因而，在面对理想和现实的强烈冲突之时，他们很容易变得心灰意冷，造成很大的心理矛盾。

第二，心理闭锁与渴求理解的矛盾。

由于自我意识的发展，青春期的孩子开始更多地关注自己的内心世界，有了更多自己的见解和主张、理想和追求，并开始意识到自己与别人的不同以及人的多样性和差异性。他们愿意对“知心朋友”倾吐自己内心的秘密，而拒绝向那些不理解、不尊重他们的想法和感受的成人或同龄人袒露心扉，常常觉得父母或老师等成人不了解他们的内心想法和愿望，不愿意同这些人进行感情和思想交流，也就是在这些人面前表现出心理闭锁性。但另一方面，青春期的孩子又渴望别人能够理解他们的内心想法和感受，渴望对方理解自己的孤独和苦闷。这就是青春期孩子心理闭锁和渴求理解的心理矛盾的表现，这种矛盾易让他们产生孤独感，容易使他们感到烦躁不安。

第三，独立愿望与依赖心理的矛盾。

青春期孩子的身心剧变使他们在心理上产生了成人感，有了很强的独立愿望，他们越来越感到自己是“大人”而不再是孩子了，渴望摆脱成人的束缚和管教，开始对成人婆婆妈妈式的说教及过分关心产生反感，因而容易顶撞父母、老师，出现反抗情绪和逆反言行；但另一方面，由于经验和能力的缺乏，青春期的孩子在实际生活中又不能做到独立，在经济上、感情上、生活上总要在某种程度上依赖父母、老师等成人，这种独立愿望和现实的依赖心理的矛盾也是让青春期孩子产生烦躁情绪的重要原因之一。

第四，情感与理智的矛盾。

由于自我意识和性意识的发展，青春期孩子感情丰富，他们容易动感情也很重感情，且充满热情和激情。但另一方面，他们的情感又很容易受到外界的影响，很容易发生情绪波动，有时会因一个小小的成功而欣喜若狂，也会因一次小小的失败而心灰意冷，往往不能很好地控制自己的情绪和情感。也就是说，青春期的孩子常常会感性有余，理智不足，这也会使他们产生巨大的心理矛盾和冲突。

第五，进取心强与自制力弱的矛盾。

青春期的孩子大多都有积极向上的进取心，这是因为他们有强烈的求知欲、自尊心和好胜心。而另一方面，由于他们的意志力相对而言还比较薄弱，思考问题不周密，往往会带有浓厚的感情色彩，容易盲目或冲动地去行动。这就造成了他们进取心强与自制力弱的矛盾，在行动没有取得预期效果时就容易产生烦躁情绪。

第六，信息视野的扩大与鉴别能力不足的矛盾。

随着时代的进步、科技的发展、物质生活条件的改善，广播、电影、电视、录像、计算机多媒体软件等视听工具被广泛应用，人们的信息交流和信息视野日益扩大。青春期的孩子处在这样的环境中，他们对周围各种眼花缭乱的信息都充满好奇，并积极去探究。但由于他们的世界观、人生观还未完全定型，对真善美、假恶丑的辨别力、鉴别力还不强，加上各种信息的错综复杂、鱼龙混杂，因而使得他们容易被表面现象所迷惑，不能很好地鉴别各种信息，出现认识的混乱，这也容易让他们产生心理上的烦躁。

此外，青春期的孩子还有诸如精力有限与兴趣广泛的矛盾，渴望接近异性和缺乏异性交往经验的矛盾等心理冲突和矛盾。如此种种矛盾的产生既有他们自己生理的、心理的原因，又有社会、家庭、学校的原因，正确认识并很好地解决这些矛盾，有助于消除青春期孩子的烦躁心理，有助于青春期孩子的身心健康发展。

如何防治青春期抑郁症

男孩青春期问题：

小斌今年17岁，他从小就极为懂事、有礼貌，人见人夸，而且学习也特别好，从小学到中学一直都是班里的学习尖子，可以说是父母心爱的宝贝，老师的得意门生。虽然小斌家条件不是很好，但父母对他还是关爱备至，只要小斌想要的，父母都会想尽办法满足他，从不让他受一点点委屈。正因为父母这种过度的爱，使得小斌自尊心特别强，而抗挫折能力却很差。

小斌在高一、高二两年，各门功课都还不错，在班里都能排到前几名。但是到了高三的时候，小斌感觉学习压力越来越大，学习越来越力不从心，因而成绩开始下滑。他也因此一直情绪低落，什么事都提不起兴趣。为了维持自己在别人心目中好学生的形象，小斌比平时更加用功学习，天天晚睡早起，每天都只睡四五个小时，可是成绩不但没有提高，反而因为休息不好，上课总是打瞌睡而听不好课，学习成绩更加不如以前。高三上学期要结束的时候，小斌心理压力越来越大，他开始出现失眠症状，情绪也开始变得焦虑、烦躁，经常与父母和同学发生冲突，他逐渐将自己封闭起来，学习也没有了劲头。

爸爸送给儿子的密语

青春期的孩子有各种各样的烦恼是常有的事情，如果烦恼总得不到解决且长久地情绪低落，那么就很容易患上抑郁症。

归纳起来，青春期抑郁症患者主要有以下一些表现：整日愁眉苦脸、心事重重、心烦意乱、情绪低落，对什么事情都没有兴趣，不能安心学习和做事；即使是面对让人高兴的喜事，他们也常常毫无喜悦之情，有时甚至会对此感到忧伤和痛苦；看什么都不顺眼，做什么都觉得不顺心；拒绝与父母和同学沟通、交流，时常封闭自己或与人闹对立；有些抑郁患者还伴有身体不适，比如感觉头晕、恶心、腹痛、肢体无力等。

引起青春期孩子抑郁的原因有很多，比如学习压力过大，理想和现实有冲突，不能实现自己的愿望，父母或老师不理解自己，不被认可和接纳，在学习、生活中有无用感等。那么，青春期孩子该如何调节抑郁情绪，预防抑郁症呢？

第一，有了不良情绪要合理地释放。

青春期抑郁症常常是因为内心有很多不良情绪却不能很好地处理，使得各种不良情绪对人的心理和身体都产生不好的影响所导致的。因而，青春期男孩如果有了不良的情绪要及时想办法通过合理的方式释放出来，比如可以向父母、老师或好朋友倾诉，可以写日记，可以给远方的朋友打电话或写信等，将内心的烦恼表达出来，还可以通过去做自己喜欢做的事情来转移注意力，调节内心的情绪。

第二，避免封闭自己。

很多青春期的孩子会因为觉得周围的人很难理解自己的想法和感受，就将自己封闭起来，不把自己内心的愿望和想法告诉别人，不屑于与人交往和相处，使自己成为“孤家寡人”。这往往会导致孩子的很多不良的情绪在内心积聚，并且不能很好地释放出来，这也是内向的人更容易患抑郁症的重要原因。因而，青春期的男孩要向周围的人开放自己，多交朋友，多与周围的人交流和沟通，使自己的想法和愿望能得到理解和认同，避免不良情绪积累。

第三，学会自我称赞、自我欣赏。

自信很多时候是避免抑郁的重要条件，而自卑却容易使人产生抑郁情绪。因为自信的人能够积极主动地与别人交往，能够充满热情地去做很多事情，因而他能够坦然对待各种不良的刺激，保持情绪稳定和心境良好。反之，自卑的人却在很多事情上都畏首畏尾，也常常会出现更多不良情绪。所以，青春期男孩要懂得自我称赞、自我欣赏，多看到自己的优点，努力培养自信、克服自卑。

第四，加强锻炼，丰富自己的日常生活。

科学研究证明，运动能加强新陈代谢，疏泄负面的心理能量，能防止抑郁症的发生。另外，有广泛的兴趣、有丰富的课余生活也可以疏导负面的情绪，预防抑郁症产生。因而，防治青春期抑郁症，男孩应根据自己的具体情况选择适合的运动项目，加强身体锻炼，同时培养几项课余爱好，作为学习生活的调节，多参加一些有益的文体活动，使自己的生活不至于太单调、乏味。

青春期抑郁症并不可怕，男孩应从多方面去努力，及时调节不良情绪，防止抑郁症的产生，拥有阳光灿烂的生活。

为什么总想和父母对着干

男孩青春期问题：

小彬原来一直是个非常听话的好孩子，爸爸妈妈让他做什么，他就去做什么，从来不违抗父母的管教、惹他们生气。邻居和朋友们都羡慕小彬的父母有这样一个听话的儿子，都把小彬当做榜样来教训自己的孩子：“你看看人家小彬，多听话啊，你怎么就不能听话一点，让我们省省心呢？”

但是，自从小彬上了初中之后，情况就发生了很大的改变。小彬开始变得不听话了，他似乎总要有意和父母对着干。有一天，小彬放学回到家就打开了电视，妈妈看到后对他说：“别看电视了，去写作业。”“不去，我看完这个电视剧再去写。”

等到妈妈把饭做好了，小彬却跑去写作业了。妈妈让小彬来吃饭，他却说：“等一会儿再吃，我还没写完作业呢。”无论妈妈怎么劝他吃饭，他都始终坚持自己的意见。

等到小彬写完了作业，饭菜已经凉了，爸爸妈妈也已经吃完了饭。妈妈要去给小彬热饭菜，小彬不让，就和妈妈夺饭碗，在两人争夺时饭碗掉在地上摔碎了，饭菜撒了一地，小彬生气地说：“我不吃了。”说着就跑进了自己的卧室关上了门。

爸爸送给儿子的密语

青春期是人生的“第二反抗期”，是一段很容易产生叛逆言行的时期。很多父母都会发现，自己的孩子自从上了中学后就开始变得不听话了，似乎总要和父母对着干。这种现象其实和青春期孩子的心理、年龄特点以及父母的教育教养方式有着很大的关系。

青春期孩子的自我意识有了巨大的发展，表现在：他们开始强烈地关注自己的身体以及内心世界，关注别人对自己的评价；他们的独立性和自主性明显增强，产生了强烈的“成人感”，要求独立自主地决定自己的各种事情；他们开始初步形成自己的世界观、人生观和价值观，对很多现象有了自己的认识和看法，对自己的现实和未来生活也已有了初步的定位和设想；他们的自我评价能力逐渐提高，自我反省思维能力也获得了发展，并且自我概念也变得更加清晰、准确、稳定。

概括地说，青春期的孩子觉得自己已经是个“大人”了，因而有了更强烈的独立自主的愿望，渴望更多的自主权利，希望自己主宰自己的生活，而不希望父母干涉、管制太多。如果父母违背了孩子这些独立自主的愿望、违背了孩子的意志，时时处处控制、约束他们，就容易伤害孩子的自尊心，伤害他们的积极性和独立自主性，使他们产生逆反情绪，处处与父母对着干。

青春期孩子逆反、总与父母对着干，听不进父母的意见，常常会使亲子关系恶化。很多时候，哪怕父母提出的是有益的意见和教导，他们也不能接受。这常常会使父母觉得对教育孩子没有效果,甚至会出现反作用，而孩子也会因此走很多弯路，影响自己的更快成长。那么，青春期的男孩该如何面对自己总想与父母对着干这个问题呢？

第一，多与父母沟通和交流。

缺乏有效的沟通和交流常常是导致两代之间出现代沟、产生误会、发生冲突的重要原因。因为父母和孩子的成长经历和所面临的环境是不同的，因而很容易出现价值观、人生观的差异,以及信息的错位，导致他们对同一件事有不同的看法和做法。如果父母或孩子都坚持己见——父母要求孩子按照父母的愿望行事，而孩子要按照自己的想法行事，这就容易造成彼此的关系紧张，让父母觉得孩子“不听话”，而孩子觉得父母“不尊重自己”。

因此，青春期男孩面对这种情况要及时和父母沟通交流，把自己的想法和愿望跟父母说一说，告诉他们做某事的理由，同时不要一意孤行，要明白“不听老人言，吃亏在眼前”的道理，要听一听父母对同一件事的想法和意见，以便能够综合自己和父母的意见作出更有利的选择。

第二，要学会理解父母。

男孩要知道，父母总归是爱孩子的，他们总归“过的桥比自己走的路要多”，也总有孩子所不具备的经验和能力，他们的啰唆、批评以及教导都是善意的，都是为了孩子的健康发展和快乐成长，是为了孩子不走更多的弯路、不受更多的伤害，他们并不是有意不尊重孩子的想法和意见。同时要理解，父母也是人，也有喜怒哀乐，也会犯错误或误解人，所以当自己被父母误解的时候，男孩要以宽容的心态去理解和接纳他们。

第三，为自己的选择承担责任。

青春期的男孩要学会做一个敢作敢当的真正的男子汉，学会为自己的行为承担责任。因为经历、经验和能力的缺乏，有时候他们按照自己的想法去做事可能会导致失败和摔跤，带来一些不利的后果。此时，男孩不要责怪父母没有帮助自己、没有给自己必要的引导和支持，而是要努力为自己的行为、选择承担责任，把挫折当做人生的一种重要经历，从中汲取、提高和成熟自己的经验教训。

第四，要学会把握自我。

经常提醒自己要虚心接受父母的教育和意见，遇到父母违背自己意愿的做法要理智地向他们表达自己的看法和意见，要尽力克制自己的情绪、把握自己的行为，以平和的态度面对父母与自己意见不一致的情况，不要稍不顺心就任性地与父母对着干。

青春期男孩有反抗心理，不足为怪，只要自己试着从父母的角度考虑一下，以平和的态度与父母沟通交流就很容易克服。

儿子，不要害怕失败

男孩青春期问题：

刚上初中的时候，小华的数学成绩很差，虚荣心、自尊心很强的他每次数学没考好都抱头大哭。

在小学，小华的数学其实是很好的，主要是因为他遇上了一个和蔼、懂得学生心理的数学老师，她总是努力让学生们在学习算术的过程中体验到乐趣和快乐，让他们饶有兴味地学习数学。因而，小华和其他同学一样，小学的数学课总是上得很开心，成绩自然也不错。

但是到了初中，小华要学习的科目突然增多，刚刚到了一个新的环境还不适应，更关键的是他换了一个数学老师，这个数学老师没有小学时的数学老师好相处。从此，小华越来越不喜欢上数学课，虽然他是个重视学业、喜欢学习又好强的孩子，但仍控制不住自己“恨屋及乌”，一到上数学课他就烦躁不安，听不进老师的课。小华知道这样做是不对的，他又不想自己的成绩落后于别人，于是他很努力地在课下学习数学，也很努力地上好这个数学老师的课。

可是一学期下来，小华的几次数学测验成绩都不尽如人意，每次都只是勉强及格，他的学习成绩还从来没有这么差过，从来没有让父母失望过。这让小华很受挫败，几乎失去了学习数学的信心和动力。

爸爸送给儿子的密语

失败，在每个人的学习、工作和日常生活中都是不可避免的，发明家爱迪生发明电灯泡之前曾失败过1000多次，可以说，失败是人生中必不可少的组成部分。其实，很多成功者就是在不断面对失败、不断战胜失败的过程中逐渐走向成功的。

对于青春期的男孩，失败也是不可避免的，关键是我们要如何面对各种形式的失败。失败并不可怕，可怕的是自己沉溺于失败的痛苦中不能自拔，不能再次站立起来。有人说：“失败常常会成为人的一种宝贵财富。”还有一句人们耳熟能详的俗语是：“失败是成功之母。”对于坚强的人，失败是垫脚石，而对于懦弱的人则是绊脚石。一个人对待失败的态度往往会决定他的人生会达到什么样的高度。失败对于我们常常是有益的，只要我们勇敢地做个强者，坦然地面对每一次失败，只要我们努力让每一次失败都有意义，我们一定可以战胜失败。

第一，要正确认识失败。

男孩要认识到，失败不是可耻的，失败并不说明自己是无能的，一次失败不能证明永远会失败，一次成功也不能证明永远会成功。失败只是我们通向成功的必经之路，是我们积累成功经验的一个过程。因此，男孩不要因为失败就轻视自己，就怀疑自己的能力，不要因为失败而畏缩不前，放弃努力。

第二，认真分析失败的原因。

失败总是有原因的，或者是客观原因，或者是主观原因。男孩在做事失败之后，要认真分析自己失败的原因，看看是因为自己没有做好充分的准备还是因为自己不够努力，是因为任务太难还是因为自己能力不足，是因为外在条件不具备还是因为自己走错了方向、用错了方法，等等。这样，才能根据原因确定自己下一步努力的方向，采取更合理的方法和途径把事情做好。

第三，总结失败中的经验和教训。

在失败中我们常常能够学到更多的东西，因为失败会带给我们痛苦，痛苦的体验更容易激励我们去寻找避免继续痛苦的方法，也就是激励我们去寻找避免再次失败的更好的方法，而经历过痛苦得到的经验会更深刻地印在我们的脑海里。比如，如果父母告诉我们炒菜时炒锅中的水没蒸发干就倒油会外溅，很多时候我们不会留下很深的印象，但如果我们自己亲身经历过一次锅中有水就倒油而被烫到，这种体验就会深深地印在我们的脑海里，下次炒菜时就很自然地想到以前被油灼伤的经历。

因此，每次失败后，男孩应该正确面对，将失败看做一次宝贵的学习和成长的机会，努力将失败作为自己人生的宝贵财富，认真思考自己从失败中可以学到哪些宝贵的经验和教训，让自己更快地成长和成熟。

可见，对于青春期的男孩，失败并非是一种不幸。只要自己正确认识失败，认真分析失败的原因，从失败中总结经验和教训，失败反而会成为人生的宝贵经历。

怎样让自卑远离自己

男孩青春期问题：

著名作家毕淑敏在指导某些中学的学生做一个认识自己的心理游戏时，她发现有太多的中学生被自卑所困扰，从下面这封学生写给毕淑敏的信中可见一斑：

“我是一个非常自卑的男孩，因为我身上有很多缺点和不足。首先，我身高不够，只有168厘米，太渺小了。看到别的男孩甚至比我还小的女孩都比我高出很多，我就觉得老天爷对我实在是太不公平了。其次，我的脸型不好看，不是平常人喜欢的瓜子脸，鼻梁不够高挺，不是人们欣赏的希腊鼻或罗马鼻。再说嘴型，它既不坚毅也不性感，还有我脸上那些层出不穷的青春痘，更是让我自卑至极……”

爸爸送给儿子的密语

青春期的孩子非常在乎别人对自己的评价，在乎自己在别人眼中的形象，他们大都希望自己在别人眼里是完美无缺的。但人无完人，青春期的孩子也是不完美的，每个人都会有这样那样的不足和缺憾，因而这常常会让他们产生自卑心理。

自卑是一种自我评价过低的心理状态，自卑的孩子常缺乏自信心，觉得自己什么都不行，发现不了自己的长处，对自己的不足和缺陷却斤斤计较、随意夸大。事实上，自卑几乎在每个人身上都有，很多非常成功的人也会感觉到自卑。著名心理学家阿德勒认为有自卑感并不是坏事，它可以使人产生克服自卑、追求优越和完美的愿望并为之而积极努力，这是人们一生奋斗的根本动力。

不可否认，过度的自卑感会造成人的心理失衡，阻碍人的积极行动，对青少年的学习、生活都有很大的危害。那么，青春期男孩该如何战胜过度的自卑呢？

第一，要客观地进行自我评价。

不仅要看到自己的短处，更要努力看到自己的长处和优点。不要将自己微不足道的小缺点随意夸大。有些男孩常常会对自己某一点不足耿耿于怀，比如总为自己个子矮小或声音不够洪亮而烦恼，这常常会加重自己的自卑心理。因此，如果男孩因为太多地关注自己的不足而感到自卑时，要努力转变自己关注的焦点，努力从自己身上寻找一些优点，欣赏它，享受它。

第二，要善于在人前表现自己。

自卑感的产生，往往和自我封闭联系在一起，这常常是因为在表现自己的过程中受到挫折所导致的。因此，当我们受到别人的冷落或嘲讽时，不要封闭自己，而要冷静地分析失败的原因，在与人相处的过程中，要勇于并善于表现自己，扬长避短，选择那些能发挥自己长处的活动，在自己擅长的领域逐步表现自己，这样就容易在人际交往中打开局面，增强自信心。

第三，不断积累和体验成功的感觉。

成功的感觉总会给人以自信，帮助人克服自卑。因而，男孩要努力在日常学习和生活中不断积累成就感，并经常体验成功的感觉，比如可经常回忆自己通过努力而获得成功的事情，树立合理的目标并积极努力去实现这个目标，以获得成就感，这样可以不断激发自信心。

第四，经常进行自我激励。

自卑的孩子心理比较敏感脆弱，很容易受到外界不良刺激的影响，经不起挫折的打击。而自我激励常常会给人一种精神力量和勇往直前的勇气，激励人战胜挫折、消除不良刺激的影响。因此，男孩要学会经常进行自我激励，比如每天要告诉自己说：“我是最棒的，我一定能把事情做到最好。”“我有能力做好这件事，加油吧！”……这样的自我激励可在一定程度上增强自己的自信心。

第五，学会正确归因。

能否正确地归因也是影响人自卑或自信的重要原因，比如自卑的孩子常常认为自己失败是因为自己没有相应的能力，缺乏天赋，而自信的人往往会将自己的失败归因于自己方法不对或者自己没有努力等。因而，男孩不要因为一次失败就全盘否定自己。要知道失败的原因很可能是多方面的，可能既有客观原因，也有主观原因，而不一定是自己能力不足造成的。

男孩要努力做到以上几点，让自卑远离自己，在别人面前展示自信而阳光的自己。

和同学攀比的心理要不得

男孩青春期问题：

潇潇刚上初一，爸爸每天都开车接他上下学。在潇潇上小学时，爸爸每天也是开着同一辆车去接他，那时，只要一放学，潇潇就很快地从学校里跑出来，大大方方地和同学道再见，然后高高兴兴地钻进爸爸的小车里。有时候潇潇还带上几个好朋友，让他们坐爸爸的车一同回家。可潇潇上了初中后，不再一放学就兴高采烈地从学校里跑出来，而常常要让爸爸等他很久，直到全校的学生都走得差不多了，他才慢慢悠悠地从学校里走出来。而且，每次爸爸来送潇潇，潇潇总要求爸爸在离学校很远的地方就停下车，他自己走着去学校。

爸爸问潇潇为什么，谁知道潇潇竟然说："老爸，您再来接我时，车停得远一点，只要别让同学们看见，我保证第一时间出来。为什么？咱们丢不起人啊！您不知道，我们班同学的爸爸开的都是宝马、奔驰之类的，咱们家这小捷达也太让我丢脸面了，和同学吵架时，我都没有底气……"

不仅如此，潇潇也总时不时地在爸爸妈妈面前说起别人用多么好的书包、多么好的钢笔或文具盒等，他对父母给自己买鞋子一事也提出了自己的要求："我们选球鞋的标准主要看广告，NBA明星科比、奥尼尔、姚明穿的都是名牌，你们照着他们穿的鞋给我买就不会错，花上一千多元钱又算什么，只有鞋的牌子硬，才能证明我有身份。"

爸爸送给儿子的密语

现在，在处于青春期阶段的孩子们当中，攀比之风愈演愈烈，他们比吃、比穿、比玩、比用、比爸爸妈妈的本事、比自己家的房子和家里的阔气，凡是能比的东西几乎都成了孩子们炫耀的资本。

孩子喜欢攀比的原因主要有以下几个方面：一是时代的产物，社会的进步和物质财富的不断丰富对青少年的消费意识有重要的影响，在无形中使他们认为使用越昂贵的、越高质量的东西就越会让自己受到尊重；二是家庭环境的影响，比如有些父母花钱大手大脚、喜欢攀比，这会导致孩子的欲望也比较强烈、喜欢攀比；三是学校环境的影响，学校里某些同学喜欢攀比，会影响到其他同学也喜欢攀比；四是媒体的影响，比如某些夸大其词的消费广告，往往会对孩子造成不利的影响，误导他们的消费意识和观念，使他们养成喜欢攀比的心理。

那么，青春期的男孩该如何对待与同学攀比这件事呢？

第一，了解父母工作挣钱的不易。

青春期的男孩大多都还是纯消费者，只会花父母挣来的血汗钱。要消除攀比心理，男孩首先要主动去了解父母工作挣钱的辛苦，要知道钱是父母用自己的辛苦劳动换来的。为此，男孩可以与父母多交流一下他们的工作情况，如果有条件可以实时实地地体验一下父母的工作，这样就不容易拿父母的血汗钱去挥霍。

第二，不受广告的误导，要明白最贵的并不就是最好的。

现代社会，大多数广告都会夸大其词，常常只会从商品生产者和经营者的利益出发诱导消费者去消费。男孩在五花八门的广告面前要学会擦亮自己的眼睛，不被广告所误导。另外，男孩还要知道，这个社会的消费层次是多样的，最贵的东西并不一定就是最好的，有些昂贵的物品常常是利用了消费者的虚荣心理，盲目抬高物价，这样会使某些人消费起来有一种虚荣心或耀富心理得到满足。

第三，树立正确的、合理的消费观，消费量入为出。

美国洛克菲勒家族虽然家产不可计数，但长辈从不允许孩子们盲目消费，仍然告诫孩子要节俭。父母每次都只给孩子少量零花钱，限定他们的消费，努力让孩子们明白家里财产虽然多，但不可无度地挥霍。正是因为这种正确的消费观的灌输，洛克菲勒的后代们才能在万贯家产面前保持清醒的头脑。因而，男孩要树立合理的消费观，不可盲目消费，而要量入为出，根据自己家庭的实际条件，明确自己哪些是可以消费的，哪些是不能消费的。有了正确的消费观，我们就不容易受到同学盲目攀比心理和行为的影响。

与同学盲目攀比只会让自己的欲望不断膨胀，这对自己以后的生活和个性成长都是不利的，因此，男孩要从以上几个方面努力克服自己的攀比心理。

如何远离青春期厌食症

男孩青春期问题：

12岁的培勇，上初中一年级。培勇的身材稍微有些胖，而且个子也不是很高。有一次，一位同学嘲笑他为“小胖墩”，之后原本就内向自卑的培勇性格变得越来越内向，他不再喜欢与人交往，也几乎没有了什么朋友。于是，培勇下决心节食减肥。

以后的几个月，培勇的饮食逐渐减少，为此常常遭到妈妈的数落、训斥。后来，培勇在妈妈的强迫下勉强吃下东西后常常会再吐掉，体重由75斤降到了45斤，他逐渐患上了厌食症。

现在，一般人一见到培勇都会很容易地看出来他营养不良，他有瘦瘦的脸庞、黄而没有光泽的皮肤、黑眼圈、比同龄人都要细的四肢、无力的体态，全然没有同龄孩子那种生龙活虎的身心状态。

爸爸送给儿子的密语

青春期厌食症一般多发生在女孩身上，但部分男孩也会患上厌食症。青春期厌食症患者会拒绝进食，即使很长时间没吃东西也不觉得饿，精神委靡不振，整天昏昏欲睡，身体渐渐消瘦下去，还可能导致身体虚弱和其他身心疾病。患者最初对食物不感兴趣，后期则会对食物产生神经性的呕吐反应——食物一沾喉咙就呕吐，严重的一见到食物就会呕吐。

青春期是人体生长发育最旺盛的时期，由于身体各器官（包括大脑）的生长发育，孩子需要比成人更多的营养物质和能量，而这些营养物质和能量都要从每天摄取的食物中得来。如果我们患了青春期厌食症，就会导致人体摄入的营养物质和能量不足，影响人体各器官的生长发育。比如，厌食会导致蛋白质摄入不足，而蛋白质缺乏会使人体组织细胞的正常功能受到不同程度的影响，导致人体生长发育迟缓、抵抗力下降、智力发育受阻等；厌食会使机体每日摄入的能量不足，影响学习和各种活动的正常进行；厌食会造成无机盐、维生素等多种营养元素的缺乏，而这些营养物质都是人体必不可少的。比如，钙、磷摄入不足会影响骨骼发育；缺铁可导致贫血，缺锌可影响人体生长和性器官发育；

不同的维生素缺乏会导致口角炎、舌炎、坏血病、代谢异常等各种机体的疾病和缺陷等。

青春期男孩出现厌食症的原因有个体原因，也有家庭或其他外界原因。例如，有些男孩比较胖，他们又因自己的胖受到了别人的嘲笑或欺负，就可能会想通过节食来让自己瘦下来，以避免再受到别人的嘲笑和欺负，在节食的过程中他们就有可能会患上厌食症。有的男孩患厌食症可能与父母的教育、教养方式有关，比如有些男孩比较瘦、吃饭较少，妈妈就千方百计地让孩子多吃东西，甚至强迫他们吃下自己不愿意吃的东西，男孩对妈妈的做法不满，就以不吃来对抗妈妈，结果患上厌食症。

要远离青春期厌食症，可从以下几个方面努力：

第一，要知道饮食、营养与身体健康的重要性。

男孩要明白，身体健康是一切活动和成功幸福的前提和基础，没有了健康的身体，优异的学习成绩、幸福快乐的生活、美好的未来等一切都无从谈起，而身体健康的前提就是要保证科学合理的饮食，保证充足全面的营养摄入。男孩要知道，在身体生长发育的关键期——青春期，饮食营养和身体健康尤其重要，要深刻认识到厌食的危害性。

第二，树立正确的审美观，乐观对待自己的身体缺陷。

有些男孩出现厌食表现的原因可能是过分关注自己的身材，惧怕自己较胖的身体受到别人的议论与嘲讽。青春期男孩非常注重自己在别人心目中的形象，于是就可能会采取节食减肥来改变自己的外在形象。因此，男孩要树立正确的审美观，无论胖与瘦、美与丑，只要自己健康就好。即使自己不美观的身体受到别人的嘲笑也要乐观面对，要接纳自己的缺陷和不足，多看一看自己的优点，发挥自己的长处，要认识到自己的存在是有价值的。

第三，加强体育锻炼，丰富自己的生活，保持乐观心态。

如果一个人注重身体锻炼、身体健康，而且日常生活丰富多彩、心态乐观，就不容易出现厌食。男孩要每天进行身体锻炼，保持健康的体魄，要全身心地投入到学习活动中去，培养广泛的兴趣，多参加一些有益的活动，使自己的日常生活丰富而充实，还要保持乐观的心态，这都可以达到预防青春期厌食症的目的。

总之，男孩要树立正确的观念，努力充实自己，加强锻炼，保持乐观的心态，这样才能远离青春期厌食症，拥有健美的身材和快乐的生活。

青春年少，应该和孤独绝缘

男孩青春期问题：

冬冬是他们班上最不爱说话的男孩，平常课间休息时他总是一个人在座位上出神发呆，或者看书学习，或者独自摆弄某个小玩意儿，或者看着其他同学在一旁说笑玩闹。班里的体育委员是个热心肠的大男孩，他看到冬冬总是这样独来独往，就有意地接近冬冬，希望他能够融入班集体，鼓励他参加班里的一些体育活动，可是冬冬对体育委员的建议从来都是摇头不语。

冬冬是个听话的男孩，他为了讨妈妈的欢心，自小就异常刻苦地学习，努力取得让妈妈高兴的优异成绩，他把与同学交流、玩耍等事情都当做浪费时间、“不正当”的事情。日子久了，冬冬在学校里也越来越孤僻，同学们也不再愿意与他一起玩、与他交往了，而冬冬也就每天与孤独相伴。

爸爸送给儿子的密语

心理学家认为，孤独感是在“我”与“他人”之间、“我”与“环境”之间缺乏沟通和了解时所出现的一种心态。人产生孤独感，主要是觉得自己的想法、做法或感受很少有人能够理解和接纳，觉得自己的想法、做法或感受不被尊重和支持，却被误解、否定、打击。

青春期是很容易滋生孤独感的年龄，这与青春期孩子的心理发展特点有密切的关系，青春期孩子自我意识、独立意识的发展，以及心理出现闭锁性是导致他们出现孤独感的重要原因。由于自我意识、独立意识的发展，青春期的孩子开始有了更多自己的见解和主张，有了更丰富的思想和情感、更复杂敏感的内心世界，他们希望别人能够尊重和理解自己。但另一方面，他们却又具有心理闭锁性，不喜欢向周围人倾诉自己的内心秘密，尤其是拒绝向那些不了解自己想法和做法的成年人坦露内心，再加上很多父母、老师不了解青春期孩子的心理特点，就很容易造成青春期孩子与周围人的交流沟通受阻，孩子被误解、被否定和不被尊重也就很容易发生，孩子的孤独感也就自然产生。这也就是很多少男少女们时常会发出："我已经长大了，为什么爸爸妈妈仍把我当成孩子？""我把真心话告诉了老师，为什么他不理解？""心中有烦恼，我该向谁倾诉？"诸如此类的感慨的一个重要原因。

过于强烈的孤独感会使人产生挫折感、无用感以及寂寞、狂躁、抑郁等情绪，影响人的生活、学习以及身心健康，严重的甚至会使人产生厌世轻生的想法。所以，青春期男孩要学会打破心理闭锁，消除孤独感。具体可从以下几方面着手：

第一，多与外界交流，多交朋友。

多与外界交流、多交朋友是避免孤独感的重要方法。与人交流是人的一种基本的情感需要，满足了这种需要才能避免孤独感。男孩要避免把自己封闭起来，要多与外界交流，多交几个朋友，并与他们坦诚地交流，彼此分享快乐、分担痛苦。要主动与周围人进行交流，而不要被动等待别人来了解自己的苦乐。男孩可以与身边的朋友说说心里话，可以给以前的、远方的朋友写封信或打个电话，可以向父母或老师倾诉自己的快乐和苦恼。

第二，要善于从每个人身上发现与自己的共同点。

世上没有两片树叶是完全相同的，也没有两个人是完全相同的，但我们总可以从周围人的身上发现哪怕一处与自己的共同点，比如自己可能与张三都喜欢体育，与李四都爱好学习，与王五都乐于帮助别人。这些共同点常常会成为双方友谊的起点，多与人交流彼此的共同点，就会发现更多的共同语言，我们就很容易避免孤独感。

第三，正确客观地认识自己。

过于自负或过于自卑的人容易产生孤独感，如果我们总认为自己处处比别人强，高人一等，就容易使周围人疏远自己。如果我们总认为自己不如别人，觉得自己处处低人一等，同样也容易使自己变成孤家寡人。因此，男孩要学会正确客观地认识和评价自己，不要做“人上人”，也不要做“人下人”，而要努力做“人中人”。

第四，要善于选择知心朋友。

人生若有几个知心朋友可以交心，有助于我们避免过于强烈的孤独感。男孩要主动寻找与自己兴趣和爱好相投，志趣、价值观、理想和追求相一致的朋友，架起彼此间友谊的桥梁，努力成为知心朋友，经常与他们一起坦诚地交流各种思想和感悟，这样才能避免过强的孤独感。

青春期男孩要从以上几个方面去努力，让自己与孤独绝缘，让自己每天的生活充满阳光。

男子汉，没有什么可害羞的

男孩青春期问题：

自从上了初中，小东好像一下子变得内向害羞，不善于在人前说话了，尤其是在异性面前，他常常会手足无措、面红耳赤、说话声音发抖、不敢抬头看对方。独自一个人上下学或在外做其他事的时候，小东十分害怕碰见熟人，尤其是怕碰见熟悉的异性，总是低着头走路。据小东的妈妈说，小东过去可不是这样，他原来很活泼、爱说话，见了陌生人也会大大方方地与其打招呼。

在人群里，小东总是话最少的一个人，即使别人要求他说话，他也是战战兢兢、语无伦次，有异性在场时，小东这种情况会更严重。在课堂上，每次老师叫小东站起来回答问题，小东就觉得如临大敌，紧张好久都说不出话来，因而每次发现老师要提问时，他就会把头埋得很低，生怕老师叫到自己。小东看到同学们都能很自如畅快地与人交谈、与人交往，很是羡慕，为自己的内向害羞十分苦恼。

爸爸送给儿子的密语

有些青春期的男孩会在与人交往时表现得很害羞，这是由青春期孩子的心理发展特点决定的。青春期的孩子开始更多地关注自己，关注自己在别人眼中的形象，因而就会在与人交往时十分敏感，担心自己的缺陷和不足会给别人留下不好的印象，尤其是在异性面前。

性格内向、自卑、敏感的男孩会更容易害羞，他们容易看到自己的缺点和不足，不善于表达自己内心的感受，对别人针对自己的评价和看法非常敏感，这种状况会极大地影响到他们与他人的交流和交往，影响他们的心理和个性健康发展。所以，青春期男孩要努力克服自己害羞的性格弱点，大大方方地与人交流和交往，具体可从以下方面去努力：

第一，树立自信心。

缺乏自信的孩子容易在与人交往时害羞，恐惧社会交往。因此，男孩要努力发现自己身上的各种优点，每天都要想一想自己的这些优点，想一想自己取得的成就，学会欣赏和接纳自己，树立自信心，这样就会让自己有勇气坦然地与人交往。

第二，勇敢地与人交往。

害羞的孩子常常会逃避与人交往，担心自己会在与人交往中出丑。如果因为这种担心而逃避与人交往，就容易让自己产生懦弱无能感，会更加自卑，更恐惧与人交往，以至于形成恶性循环。因而，男孩要鼓足勇气，勇敢地与人交往，不要担心自己出丑，其实出丑又能怎么样，大不了被人取笑一番。

第三，不要过分在意自己的举止表现。

有很多男孩常常会在交际中过分在意自己的举止表现，这就很容易造成交际中的紧张，出现害羞。因此，男孩不要过多地将注意力放在自己在交际中的言谈举止上，而要放在从对方身上可以得到哪些有益的启示上，放在自己能够给对方什么有价值的信息或帮助上。比如，在与人交谈时，我们可以想：他要谈什么话题，他谈的话题对我会有什么帮助？我告诉他这样一件事会给他带来什么好处？

第四，不要对自己要求过高。

青春期的男孩容易过于追求完美，对自己要求过高。过于追求完美就容易患得患失，太在意别人对自己的看法和评价，一心想要得到别人的认可，从而在交际中就总会害怕自己出错，其实越害怕什么就越容易得到什么。所以，男孩不要对自己要求过高，不要过于追求完美，每个人都是不完美的，要学会接纳自己的不完美。

第五，学习一些人际交往的技巧。

缺乏交际技巧也容易使人在交际中紧张，出现害羞的言行。因此，男孩要努力学习一些与人交往的技巧，看一些有关人际交往和口才技巧方面的杂志和书籍，向善于与人交往的同学朋友学习人际交往的经验，逐步提高自己的交际能力，这样有助于我们树立与人交往的信心，减少交际恐惧。

害羞不是男子汉的特征，男孩要努力克服害羞，大大方方地与周围人交往，这样才会使自己赢得更多的友谊，也才能使自己成长为真正的男子汉。

怎样才能根除嫉妒的"毒瘤"

男孩青春期问题：

小刚和小奇原来是一对很要好的朋友，在同一个班里上学，两人的家又住得很近，小学时他们俩就每天一起上学，一起回家，晚上回家还要一起写作业，整天形影不离。

可自从上了初二后，小刚开始疏远小奇，两人平时放学也不一块回家了，周末时小刚不再去找小奇玩，小奇来找小刚，小刚也是不理不睬的，小奇打来的电话小刚也不接。

原来，小奇的学习成绩总是比小刚要好，老师经常在班里表扬小奇，还让他给全班同学介绍学习经验，而且小奇还是班里的团支部书记，在班里深受同学们的欢迎。相比之下，小刚的学习、人缘等各方面都稍差一些，这让小刚很不服气，他逐渐对小奇产生了嫉妒心，不仅有意疏远他，还想着法给他使绊子。马上要期末考试了，班上的气氛前所未有地紧张起来，所有的同学都将精力投入到紧张的复习当中，而小刚却常常趁小奇不注意，将小奇的课本、练习本或其他的学习用品悄悄藏在另一个同学的桌洞里，让小奇一通好找，或者从花园里捉来一条蚯蚓悄悄放在小奇的书包里，看着他翻书包的时候惊恐地大叫……

爸爸送给儿子的密语

青少年在很多方面都可能会产生嫉妒心，比如在学习上，当看到同学的成绩超过了自己，心里便觉得很不舒服；在人际交往方面，看到自己的好朋友与其他同学来往密切，便会生气、怨恨；在特长兴趣方面，看到别人能唱善跳、能书善画，经常得到人们的赞扬时，心中便会愤愤不平、充满妒意。某些人还会因他人的身材、长相、生活条件、生活用品等比自己强，而产生嫉妒心理。

嫉妒心理是一颗影响青少年身心健康成长的毒瘤，有人曾说嫉妒心具有最持久的消耗力，会极大地消耗人的身体和心灵的能量。有嫉妒心的人，常常会因别人在某些方面优于自己而妒火中烧，忧心忡忡，在内心积聚起种种消极的情绪，而且人际关系不良，这极容易导致心理障碍的产生。有嫉妒心的人还会对所嫉妒的对象采取不正当的行为方式，例如用冷言冷语、背后说人坏话、故意给对方设置障碍等方式，设法令对方难堪，打击其自信心。这最终只会损人不利己，造成害人害己的恶果。

男孩要努力从狭隘的嫉妒心理中走出来，铲除嫉妒这颗毒瘤，可以参考用以下这些方法克服嫉妒心理：

第一，加强自己的个性修养，开阔自己的心胸。

男子汉不要斤斤计较，否则会使自己养成狭隘的性格弱点。要努力加强自己的个性修养，培养豁达宽容的人生态度，努力做到“大肚能容，容天下难容之事”，坦然接受别人强于自己这一事实，因为“天外有天，人外有人”，没有人会在所有的方面都是“NO.1”。

第二，学会正确地比较。

如果我们对某人产生了嫉妒心，可以努力找出自己强于对方的地方，比如对方学习成绩比自己好，但自己可能比对方更乐于助人，自己没有对方长得帅气高大，但画画比对方好。不要太过于关注对方强于自己的地方，而要多看到自己的优点，增强自信，有了较强的自信心，嫉妒心就会减少。

第三，化嫉妒为动力，树立自信心。

嫉妒别人说明我们看到了自己与对方的差距，有了嫉妒心，不要始终沉溺在落在人后面的痛苦中，而要将消极的嫉妒转化为积极的努力。此时，不妨激励自己去奋发努力，通过正当的途径去与人竞争，努力超过别人。可以说，克服嫉妒最好的办法就是努力学习对方身上的长处，弥补自己的短处，努力赶上并超越别人。

铲除了嫉妒这颗毒瘤，男孩才能获得好人缘，才能为自己的成长发展扫清道路，才能更快地进步和成熟，也才能更容易地取得成功、获得幸福。

别让恨意萌生，理智才让你更具男性气质

男孩青春期问题：

王帅和爸爸一起看电视，这是一个非常影响情绪的新闻：

佛山南海九江中学，一名高一女生被同学杀害在校内防空洞里，其身上的钱包也不翼而飞。警方通过一天一夜的侦查，很快破案，凶手竟是被害者同班一名男同学。据同学的反应，两人曾经是很好的朋友，但是最近两人出现矛盾，女生要结束早恋，认真学习，男生便萌生恨意，持刀杀死了这名女生，并掠走了她身上的财物。

看完这些，爸爸显得非常震惊，他回过头看着王帅，王帅被看得毛了，不耐烦地问道：“你看我干什么？我又不是犯罪分子。”

爸爸这才缓过神来，赶紧解释说：“我是太震惊了，两个孩子啊，就这样毁于一旦。太令人遗憾了。”

“行了，爸，您就别转您的那一套说辞了，好没意思。”

“怎么？你嫌烦了？那咱换个话题，我给你说个秘密。”说着爸爸凑过头来。

“什么？”王帅立刻来了兴致。

“有一个吉卜赛弃儿，被山庄老主人收养后，因受辱和恋爱不遂，逃出山庄。他在外得到了历练，变成了富翁。这个弃儿立刻就打道回府，赶回那个山庄，对与其女友凯瑟琳结婚的地主林顿及其子女进行报复……”

“什么呀，这不是《呼啸山庄》吗？爸你怎么学会了骗人啊？！”

“我还没说完呢，你怎么知道我是骗你的，我后面还有故事呢。”

“快说。”王帅又凑了过来。

“我们上高中的时候，有一个男生喜欢上了一个女生，可是那个女生却非常讨厌他，还经常在别人面前嘲笑他，这让他非常难以接受。每次遭受挫折后，他都会咬牙切齿，决定要报复……”

“真的啊，后来呢？”

“后来，他就真的报复了。那时候高中学业很紧张，他们经常很晚才回家。那个男生知道女生要独自经过一段乡间小路，就提前埋伏在那里。大老远的，他就听见了那个女生的走路声，他很紧张，又很兴奋。他紧紧握住一块石头，准备等那个女生走到跟前后就狠狠地砸到她的头上。就在这时，他的手忽然就被人抓住了，同时他的嘴也被人堵住了，他吓坏了，拼命挣扎……”

“啊？螳螂捕蝉，黄雀在后。”

“听着，别插话。这个男生正在挣扎，就听有人说：‘孩子，你扔出去这块石头，可能会砸到你自己的头上。’这个男生一愣，这不是自己的父亲吗？的确是，他父亲松开了他的手。这时候，那位女生已经过来了，两人屏气凝声，看着那个女生走过去……”

“这故事一点都不精彩。”王帅显得有些失望。

“儿子，你要是知道那个拿石头的是你的父亲，也许你就不会觉得不精彩了。”

“真的吗？老爸，你还有这‘光荣历史’啊？”

“不怕你笑话，我的确做过这么蠢的事情。那天，你爷爷告诉我，要学会理智，你爷爷说：‘你真想让那个女生喜欢你，你就得改变。首先，你得理智。’我很听话，真的那么做了。你猜怎样？”

“后面还有故事啊？那个女生喜欢你了？”

“儿子你真聪明，她不但喜欢我，还喜欢我一生一世。”

“爸，你不会有婚外恋吧？”

“说什么呢？那个女生就是你妈。”

爸爸送给儿子的密语

青春期的男孩最容易冲动，这是受生理结构所累。男孩血液中的多巴胺（可增加冲动性、冒险行为的概率）含量较多，流经小脑（小脑是脑中控制“行为”和“身体行动”的部分）的血流量更大。但是这并不能作为男孩不理智的理由。

一个成功的人生，必须要有一种保持冷静的心理状态，那可以让你找到一个心态平衡的支点。这样，理智就会慢慢地走近你。你看电视剧或者电影，里面那些英雄人物通常都会受到这样那样的诱惑，经受各种各样的挫折，让他们暴怒、失望、萌生恨意，可是转眼间他们却像吹桌面上的沙土一样，轻轻将它吹掉，然后镇定地做事。

你一定会很羡慕。没错，儿子，一个优秀的男人，必须要学会理智面对一切，必须要在面对损伤自己尊严的人面前，控制自己的暴怒、仇恨。这样，可以使自己更容易辨别是非，也更能控制自己的行为。你变得越理智，你的男性气质就越突出，你也就越容易达成你心中既定的每个目标，走向成功。

任何成功都是一个复杂的过程，理性的思考、判断、选择、分析是走向成功的前提。一些人功败垂成，大多是强迫自己忍耐，到成功的前夜一下子崩溃，无法再理智，结果葬送已经取得的一切。战场上两军作战经常会发生这样的问题，当两个将领才智相当、两个部队装备相当、战争进入拉锯战时，两个首领的理智将成为最后的决胜点，哪一个稍微有一点不理智，可能就让自己功亏一篑。

孩子，你正处于青春期，会变得非常敏感，很多人的行为和做法都会让你产生反感，甚至会让你觉得大失颜面，你会萌生恨意，甚至咬牙切齿，急于报复。这时候，你需要冷静一下，要知道，一旦你被冲昏了头脑，就可能落得个“一步走错满盘皆空”的结局。

英国文学家约翰生说：“理智像太阳，它的光是恒久的、不变的、持续的。”你是八九点钟的太阳，要想让更多的人看到你的光芒，就要学会理智，那将是你一生受用不尽的财富，也是让你更显男性风范的气质。

第4章

人际关系：结交真正的朋友，享受友情的阳光雨露

青春期的少男少女都渴望友情，友情更是少男生活中的阳光雨露，可以滋润少男的心灵，使其健康成长。朋友间真正的友谊应该能给人一种可贵的精神力量，能够经历患难见真情的考验。男孩学会结交真正的朋友，学会处理好人际关系，就会让青春期这个恼人的“雨季”变为阳光灿烂的“花季”。

如何让同学更喜欢你

男孩青春期问题：

晓风学习成绩很好，多次获得班里的第一名，还拿过多次竞赛奖项。可是，晓风却是个“两耳不闻窗外事，一心只读圣贤书”的书呆子，班里的文体活动、大扫除、值日等他都不愿意参加，他对其他同学的事情也都是漠不关心，理由是这些事情影响自己的学习。而且，晓风还不讲卫生，整天穿得邋里邋遢，同一件衣服穿在身上好几周都不洗。

为此，班里的同学都不愿意与晓风在一起，都很讨厌他。有一次，晓风心事重重地跑回家向父母诉说，班里重新排座位，结果没有一个同学愿意与他同桌。还有一次，班里组织劳动，谁都不愿意和晓风分到一个小组，因为他不喜欢劳动，在劳动的间隙他会带着书本自己学习。

爸爸送给儿子的密语

每一个处于青春期的男孩都希望自己是受人欢迎的，希望自己有很好的人缘，但现实中总有一些男孩不受欢迎。不受欢迎会很容易让孩子的心灵受伤，这对于他们的个性发展和社会性发展都是不利的。

心理学把在人际交往中不受欢迎、人际关系较差的孩子称为“嫌弃儿”。这样的孩子得不到同伴的欢迎，交不到好朋友，心理上很容易受到伤害，如果不及时给以引导，很容易使他们产生人格倒退或怪异行为，如孤僻、自卑、破坏行为、攻击行为等。

“嫌弃儿”之所以被很多人嫌弃，大多是因为孩子自身存在一些问题。比如，有的孩子本身性格孤僻、过分内向自闭；有的孩子人际交往中很被动，不敢主动与别人交往；有的孩子过分以自我为中心，个性太强，独断、霸道，只允许别人听他的，自己却不肯顺从别人；有的孩子心胸狭隘，对小事情斤斤计较，动不动就和伙伴翻脸……这些不良的个性都会影响孩子的交际，使周围的人拒绝与之交往。

因此，男孩若想让同学们更喜欢自己，避免自己成为“嫌弃儿”，就要努力从自身下工夫，先找出自己在交际中存在的不良行为和个性，纠正自己的不良行为和不良个性，培养自己各种优良的行为和个性。这样，才能很自然地吸引周围的同学，使他们乐于与自己交往，让自己拥有好人缘。

第一，尊重别人，喜欢别人。

有一句话是：“你希望别人怎样对待你，你就要怎样对待别人。”人际交往的态度常常会传染，如果自己尊重别人、喜欢别人，别人也容易尊重和喜欢我们。所以，男孩要学会尊重每一个人，多看到别人的长处并欣赏他们的长处，找出理由让自己去喜欢别人，这样才会让对方也很容易地喜欢自己。

第二，改变别人不喜欢的行为和个性。

别人不喜欢我们，总有一定的理由，也许他不喜欢我们某种不良的行为，比如穿着总是很邋遢、浑身散发臭味；也许他是不喜欢我们某种不良的个性，比如说话太直接、容易伤人，等等。我们要努力发现自身存在哪些别人不喜欢的行为和个性，并努力去改正，不断优化自己的性格和个性。

第三，培养同理心。

所谓同理心是指能够设身处地地站在对方的角度考虑问题，能够考虑到他人的需要和苦乐，并尽己所能满足对方的需要。男孩要赢得同学的喜欢，就要努力培养自己的同理心，想人之所想，急人之所急，经常站在对方的角度考虑事情，而不要总是考虑到自己的需要，要在不损害自己的利益的前提下尽量满足对方的需要。比如，我们要真心为大家服务，多为大家做一些好事，多帮助那些需要帮助的同学，等等。

总之，男孩要努力做好以上几点，这样才会更容易成为受同学欢迎的人，赢得好人缘。

怎样才算够“哥们儿义气”

男孩青春期问题：

马上就要初中毕业的鹏鹏有一次放学回家时，在路上遇到几个与他同龄的外校的男孩子。几个男孩见到鹏鹏后都走上前来，热情地跟他套近乎：“喂，兄弟，你是毕业生了吧？是不是学习很辛苦啊？”鹏鹏最近正为日益紧张的学习生活感到烦恼呢，听这几个男生这么一说，就觉得像是遇上了知己。要知道，在家里、在学校，父母和老师每天都在不断地给鹏鹏施加学习的压力，让他好反感却又无可奈何，而班里几乎每个同学也都在全身心地准备中考，都没有鹏鹏这么“清闲”。

于是，鹏鹏就和几个男孩聊了起来，不到一刻钟，几个男孩就和鹏鹏称兄道弟，发誓彼此成为最好的“哥们儿”，还像成人一样信誓旦旦地互相表白：“你的事就是我的事，为了你，我可以赴汤蹈火，在所不辞。”此后，鹏鹏就时常和他们一起大吃大喝，一起上网逃课，真的是“有福同享，有难同当”。

有一天，鹏鹏上学时发现那天结识的一个“哥们儿”在校门口与一位同学发生了激烈的争执，双方大打出手。鹏鹏见状，急忙走上前去与那个哥们儿一起痛打那位同学。不一会儿，他们俩将同学打成了重伤，那同学嘴角流血不止，躺在地上一动也不能动。最后，鹏鹏留给那个同学一句话：“以后再欺负我哥们儿，我就让你好看。”然后拉着那个“哥们儿”扬长而去。那个同学只得央求一位过路人把他送进了医院，并让他给自己的父母打了电话。

爸爸送给儿子的密语

青春期的男孩会非常注重“哥们儿义气”，他们把这种“哥们儿义气”当成是一种“崇高的友谊”，他们会把自己所处的小团体的利益看得非常重，为了小团体的利益甚至会赴汤蹈火，这在某种程度上可以说是一种有集体荣誉感的表现。

但很多时候，男孩这种只注重小团体利益的“哥们儿义气”并不是真正的友谊。青春期男孩非常渴望并十分重视友谊，在结交朋友时，往往比较单纯，感情也很真挚。但有些孩子还不能深刻地理解友谊的内涵，由于社会经验不足，缺乏明确的道德观念，分不清什么是真正的友谊，常常会曲解友谊的本质，甚至仅仅把“哥们儿义气”当成交朋友的条件，会为了“哥们儿义气”而放弃原则。这种“江湖式”的“友谊”有时是很危险的，它可能成为一颗潜在的“定时炸弹”，随时会使双方误入歧途，甚至走向犯罪的深渊，如上面事例中鹏鹏与“哥们儿”的行为。

要让友谊真正起到促进彼此健康成长和更快进步的作用，男孩就必须要深刻理解友谊的本质，区分友谊与“哥们儿义气”的区别。

友谊和“哥们儿义气”有着本质的不同。真正的友谊是在双方理想一致、志同道合、彼此都追求向上向善、有共同爱好的基础上建立起来的一种情感，它不仅表现在当对方遭遇困难和挫折时，我们要极力相助，而且也体现在当对方有错误和缺点、坚持错误行为时，我们能坚持正确的道德观和价值观，努力帮助对方走正路。相对而言，“哥们儿义气”则是一种比较狭隘的情感，它判断是非的标准仅仅局限于几个人或某个小团体的利益，甚至不惜为了小集团的利益而抛弃道德准绳。

因此，要获得真正的友谊，让自己健康地成长，更快地成才、成功，男孩需要做到以下几点：

第一，坚持原则，分辨是非。

男孩绝不要为了小团体的私利而不分是非，不讲原则，不顾及社会的道德准则以及国家的法律，不要为了狭隘的“哥们儿义气”而做出一些伤害他人、损害社会的事情。友谊也需要义气，但是这种义气是讲原则的，如果不辨是非地“为朋友两肋插刀”，不顾后果、不负责任地去迎合朋友的不正当的要求，这不是真正的友谊，到头来，这样做只能是害人又害己。在朋友有错误的行为举动时，要想办法去制止，避免他走上错误的道路，避免他害人害己，这才算是真正的朋友。

第二，培养积极向上的道德情感。

男孩要通过努力提高自身的思想道德修养，积极培养高级的情感，尤其是道德感、集体荣誉感等，让这些健康的、向上的情感成为自己为人处世的重要准则，让真正健康的友谊观念引导自己的交际。

男孩把握真正的友谊，摈弃狭隘的“哥们儿义气”，让健康的友谊观念引导自己的交往行为，这样才会走向光明灿烂的人生之路。

和朋友打架了，怎么办

男孩青春期问题：

六月的一天下午，学校篮球队队员像往常一样在操场上进行训练，也许是天气太热的缘故，大家的心情都有些急躁。此时，丁丁在传球的时候，一不小心把球砸到了方子的胳膊上。方子揉着胳膊“哎哟哎哟”地叫了起来，看来砸得很疼。丁丁见状，有些慌了，他赶忙跑上前跟方子道歉：“方子，实在对不起，很疼吧？我不是故意的。”

方子没好气地说：“什么不是故意的，你明明是故意的。你没长眼啊？”

“你才没长眼呢，我根本就不是故意的。”丁丁着急地说。

这时，另一个同学走上前打圆场：“哎，丁丁也不是故意的，你就别小题大做了。打球时难免会失手伤人，你不会这么不经砸吧？”

方子这下子火了：“怎么，你们联合起来欺负我啊？我挨了砸还没理了？你们讲不讲理啊？”说完狠狠地给了丁丁一拳，又给了另一个同学一拳。

那个同学本来好心的一句话，却没有得到“好报”，于是他拿起篮球就朝着方子的脸砸去，幸亏方子躲避及时，没有被伤到。

眼见同学因为自己而被方子“报复”，丁丁自然也不能袖手旁观，于是也照着方子的胸脯就是一拳……不久，三个人就扭打在了一起。

爸爸送给儿子的密语

青春期男孩血气方刚，难免会与朋友发生某些矛盾，容易冲动的某些孩子往往会与对方发生肢体冲突，通过打架来发泄怒气。

打架虽然可以在一定程度上平息自己的怒气、发泄怨气，但这往往会伤害双方的身体和心灵，伤害双方的感情。就像在木板上钉一颗钉子再拔出来，会留下难以消除的孔，和朋友打架，无论自己怎么道歉，给对方的伤害总是难以消除的。也许身体上的伤口容易愈合，但心灵上的伤口却难以恢复。

因而，男孩要懂得珍惜友谊，学会妥善处理朋友之间的矛盾和冲突。要知道，朋友是我们人生中非常宝贵的财富，缺少了友谊，我们的人生就会暗淡无光。但是，如果没有控制好自己的情绪与行为，和朋友打了架，我们该怎么办呢？

第一，以真诚的态度及时道歉。

无论与朋友之间有着怎样的矛盾和冲突，打架都不是最好的解决办法，只有真诚地沟通和交流才能更好地解决问题。因此，如果和朋友打了架，无论对方曾经怎样伤害过自己，都要为自己向对方动手打架而道歉。当然，道歉要真诚而及时，道歉之后要与对方真诚地进行交流，把自己的想法真诚地向对方说出来，并了解对方真实的想法，这样才便于消除双方的矛盾和冲突。

第二，学会忘记，学会宽容。

很多时候，朋友伤害自己常常是无心的，就算是最要好的朋友也总会有摩擦。我们要学会忘记朋友给自己的伤害，多记着朋友对自己的好，要学会宽容别人的错误，努力做到“把朋友对自己的伤害写在沙子上，把朋友对自己的好刻在石头上”。荷兰哲学家斯宾诺莎曾说过：“人心不是靠武力征服的，而是靠爱和宽容大度征服的。”

第三，用善行弥补自己的过失。

打架总会对朋友造成伤害，在控制不了情绪和行为的情况下失手与朋友打了架，我们除了真诚地向对方道歉并加强沟通交流之外，还可以努力在以后的生活中用善行来弥补自己的过失行为，比如在对方需要帮助的时候及时帮助他等。

总之，打架不是解决朋友间矛盾冲突的好办法，我们要学会宽容，学会忘记，学会控制自己冲动的情绪和行为，不让彼此间纯真的友谊受到伤害。

男孩为什么会崇拜黑老大

男孩青春期问题：

有一段时间，某地电视台正热播一部叫《征服》的连续剧。一时间，在某些中学校园里，《征服》成了很多男孩子每天都要讨论的热门话题，“昨天看电视剧《征服》了吗”成为他们见面时最常用的问话，而同时，剧中的反面人物黑老大刘华强也成了很多男孩崇拜的对象。

这一天，某校初二年级的几个哥们儿又热烈地讨论起刘华强这个剧中人物来。

“虽然刘华强制造了几起枪杀案，劣迹斑斑，但我觉得他是个英雄。你们瞧他，身后总是跟着那么多弟兄，上酒店宾馆，威风八面；他与警察不停地周旋，也真的是‘智勇双全’，太有智慧了，简直酷毙了！”

“是啊！他还是个有情有义的男人呢，对妻子、弟弟、女儿都关爱有加，还冒着被警察抓住的危险为女儿过生日；对他的情人梅子也是柔情万种，那么死心塌地地爱着她；对自己手下的兄弟也很慷慨大方，把他们都当成真正的兄弟。”

“你们说得对，刘华强真的是一个好人，也是一个能人，简直让我佩服得五体投地。我们要向他学习啊！”

爸爸送给儿子的密语

很多处于青春期的男孩都会崇拜黑老大，这其实是男孩内心中英雄情结的表现。“黑老大”一般都有胆量、有智慧，能够在人前呼风唤雨，能够做到很多人做不到的事情，因而会被某些男孩子当做“英雄”来崇拜，甚至当成“榜样”来学习。

青春期正处在人生观、价值观逐渐定型的时期，男孩容易被一些错误的现象所影响。每个男孩都希望自己能成为英雄。男孩想成为英雄说明他们有梦想，这是值得肯定的，但男孩决不能把“黑老大”当成英雄来崇拜，更不能把“黑老大”当做榜样进行模仿。因为“黑老大”虽然有胆魄，智慧超群，有巨大的能量，但他们走的是一条违反法律与社会道德的道路。盲目崇拜并模仿“黑老大”，往往会形成错误的价值观、人生观，把自己引入错误的人生道路，就像《征服》中的刘华强，最终被绳之以法，给他人、给自己都带来了无尽的伤痛。

因此，对崇拜“黑老大”这一现象，男孩一定要正确对待，具体要从以下几个方面去努力。

第一，树立正确的价值观、人生观。

不可否认，“黑老大”所走的道路是损人又不利己的，他们的行为最终会给周围的人、给社会带来巨大的危害。从根本上说，这常常是因为“黑老大”的人生观、价值观发生了偏差，他们把最大限度地获得自己的利益作为成功的标志，而不顾及是否违反道德和法律。男孩要明白，真正的成功者、真正的人才首先必须遵守社会的道德和法律，必须要懂得做人的基本原则，树立这样的人生观和价值观才能避免自己被“黑老大”的行为所误导，避免自己误入歧途。

第二，努力成为有益于人类社会的英雄。

想成为英雄，这会成为男孩努力奋进的精神动力，真正成为英雄也会让他们体验到自己的人生价值。因此，男孩不妨把想成为英雄的梦想导向正确的方向，努力学习、努力实践和锻炼，把远大的志向化作为人类谋福利的动力。同时，要以那些有益于人类的真正的英雄为学习榜样，学习这些英雄人物的良好行为。

为了自己有一个美好的前程，男孩要树立正确的人生观、价值观，避免受“黑老大”的反面的“英雄行为”影响，要努力成为有益于人类社会的真正的英雄。

多参加有意义的同学聚会

男孩青春期问题：

新锐曾有半年的时间从未在周末与自己的家人共同进餐，原因是他每个周末都要参加各种各样的同学聚会。

新锐的班里共有50多名同学，每逢周末，班里不是这个同学过生日，就是那个同学请客吃饭，不是一起去唱卡拉OK，就是一起去蹦迪。像新锐一样，在班里很多同学的心中，在外和同学聚会要胜过与家人团圆，亲情似乎在他们的心中变得淡漠起来。有些同学甚至将与父母一起吃饭、与父母相处看成是一种负担。新锐说：“和家人一起吃饭，那叫老土、没意思，和朋友在一起吃喝那才痛快，够酷！与父母在一起很拘束，他们总是处处限制我，和同学在一起却很自由，想怎么样就怎么样。”

爸爸送给儿子的密语

青春期的孩子参加同学聚会有利有弊，重要的是看参加什么主题的聚会，参加什么形式的聚会。

参加同学聚会的好处有：在紧张的学习之余参加同学聚会，没有父母、老师的约束，与同学们敞开心扉地聊一聊现在的生活，聊一聊将来和理想，一起从事某项活动，这首先可以缓解繁重的学习压力、放松自己；其次可以加深同学朋友之间的了解和感情；再次可以从中学到一些人生的经验，比如人际交往经验、社会经验等。而参加某些同学聚会也有不利之处：很多同学聚会大多是一起吃饭、喝酒，或请客参加某些高档消费活动，这很多时候不仅不利于自己的身心健康，而且容易让自己养成不顾实际进行高消费的习惯，养成盲目攀比、注重吃喝玩乐、自由散漫等不良习性。

所以，男孩要学会具体问题具体分析，要有选择地参加某些同学聚会。具体来说，参加同学聚会需注意以下几个问题。

第一，不要将参加同学聚会当做生活的重心。

有的男孩很喜欢参加同学聚会，喜欢和很多同学在一起尽情地吃喝玩乐、说笑打闹，特别是一些喜欢热闹、爱好交际的男孩。和同学偶尔搞个聚会这无可厚非，但如果把参加同学聚会当做生活中的重要内容那就不好了。男孩要清楚自己当前的主要任务是什么，不要颠倒主次，将时间、精力过多地放在聚会上而影响学业。

第二，举办聚会要杜绝攀比、炫耀之风。

当前，在某些中学生中请客、聚会慢慢呈现出一种盲目攀比、互相炫耀的态势。比如，甲同学过生日请同学们去吃麦当劳，乙同学过生日就请同学们去酒店吃饭，丙同学考试获得第一名请同学们去洗桑拿，丁同学竞赛获奖就请同学们去泡温泉……这种利用同学聚会来互相攀比和炫耀的风气会在同学们中间造成比较恶劣的影响，影响他们正确的价值观、人生观的形成。因而，我们要努力避免这种风气的蔓延，不让纯洁的心灵过早地沾染铜臭。

第三，多参加有意义的同学聚会。

其实，同学聚会不一定只是吃喝玩乐、进行各种高消费，可举办一些非常有意义的同学聚会。比如，在某同学生日的时候，大家聚在一起商量对策，给他母亲做一个有意义的礼物或举办一场有关母亲的有意义的活动，因为每个人的出生之日都是母亲的受难之日，我们要学会感恩母亲。再比如，可以和同学们一起去进行社会调查、社会实践、公益劳动、参加献爱心活动、去名胜古迹旅游、进行各种集体锻炼等，这些都可以说是很有意义的同学聚会，不仅可以加深同学之间的感情、可以放松心情，还可以让自己受到各方面积极健康的教育。

可见，同学聚会只有有健康向上的形式和内容，才是有意义的。男孩不妨多参加一些这样的健康、有意义的同学聚会，少接触那些没有意义、不健康的聚会，这对自己的健康成长是很有好处的。

如何巧妙地向朋友道歉

男孩青春期问题：

童童和好朋友小萌这两天闹了别扭，谁也不服谁，谁也不肯向对方认错，两人的关系就一直这么僵着。

这一天，和事老小严来“和稀泥”：“童童，你跟小萌道个歉吧！你们的关系这么僵，我看着就难受。”

“凭什么呀？明明小萌也有错，我那天和他说了对不起了，可他居然还先动手打我，这样的人就是欠揍。反正我是坚决不会向他求和的。”童童一口回绝了小严的提议。

小严看到童童态度这么坚决，面露难色：“你怎么也和小萌一样倔呀？我劝他跟你道歉他不肯，我都不知道如何是好了。”小严想了想之后又说："你的觉悟比他高，他这个人就是比较服软，你就宽宏大量一点吧，你主动向他求和，他一定会顺着台阶下的。"

"凭什么让我给他道歉呀？我不会先向他低头认错的，你就别白费心思劝我了，他这样的朋友不交也罢。"

小严听了童童的回答，叹了一口气说："那好吧，既然你们俩谁也不愿意让步，那我就不管了。不过，我提醒你一句，一段友谊不是因为一次摩擦就会完结的。希望你们俩都能多想想对方的好，不要总想着彼此间的不愉快。"

其实，童童也很想先跟小萌道歉，毕竟是他有错在先，可他就是抹不开面子，这件事情真让他犯愁。

爸爸送给儿子的密语

每个人都会犯错，成人孩子概无例外。同时，每个人也都有自尊心，很多人觉得犯错后道歉会是很没面子、很伤自尊的事情。特别是青春期的男孩，自尊心更强，因而他们在伤害某人后就不愿意向对方道歉。

其实，道歉并不是可耻的，反而会体现自己的真诚，会增强对方对自己的信任。勇于向对方道歉也能体现自己的涵养，英国首相丘吉尔起初对杜鲁门的印象很坏，就有些慢待他，但后来他向杜鲁门道歉，说以前低估了他，他这是以赞誉的方式表示歉意，丘吉尔的道歉没有降低自己的身份，反而衬托了他的人格修养。

因而，如果伤害了某个人，男孩要学会勇敢而巧妙地向对方道歉。在向人道歉时，要注意以下一些问题，以有效地消除彼此间的隔膜：

第一，道歉要及时而真诚。

道歉之事不宜拖延，并且要真诚，越是拖延往往越体现不出自己的诚意，缺乏诚意的道歉不仅不能消除误会，还会加深彼此的隔阂，有时候错过道歉机会或道歉缺乏诚意会让人追悔莫及甚至遗憾终生。

第二，灵活采用道歉的方式。

道歉是一门艺术，方式亦可多种多样，如果你觉得道歉的话说不出口，可以用别的方式来代替。比如可以送一件小礼物表达歉意，通过第三人转达歉意可避免自己当面致歉的尴尬，可以替对方做一件事情，或给对方写一封道歉信，等等。所有的道歉方式都需有这样一种表示："我对彼此的隔膜深感难过，真心地说声'对不起'，并盼你能接纳这份歉意。"

第三，要给对方发泄心中不快的机会。

如果是自己有错在先，就要给对方发泄心中不快的机会。让对方将心中的怒气发出来，是挽回友谊的好办法，如果对方的怒气始终淤积在心中，彼此的关系就难以修复。

只要掌握并积极运用以上道歉的小技巧，就会很容易地化解矛盾双方心灵的"坚冰"，让友谊天长地久。

怎样才能交到真正的朋友

男孩青春期问题：

宁宁最近刚转到一所新的中学，这是一所城市中学。宁宁在原来乡下的中学里没有几个朋友，这让他感觉很孤单。为此，他发誓，到了新学校一定要真心实意地与班里每一个同学都处好关系，和班里每一个同学都成为好朋友。

宁宁是个性格外向、大大咧咧的孩子，也是个“话篓子”，这其实是他在原来中学不能交到朋友的重要原因。言多必失，宁宁因为多话得罪了很多同学，失去了很多朋友。但是宁宁却没有意识到这个问题，来到了新学校，他依然“我行我素”。

“李蕾，你裙子后面的拉锁开了。”宁宁发现女生李蕾裙子后背的拉锁开了，急忙大声地告诉她。这一下，班里像是炸开了锅，几个喜欢恶作剧的男生跑到李蕾身后要帮她拉上拉锁，羞得李蕾无地自容。此后，李蕾再也不理宁宁了。

“王强，那天我看见你偷偷地往一个女生抽屉里放情书了，干吗偷偷摸摸、不直接交给她啊？”性格内向的王强与一个女生的关系被当众揭穿了，他很是懊恼，朝着宁宁吐了一口唾沫。

“小宇，我知道你的数学很差劲，没关系，我帮助你，你放学后留下来我给你补补课。”宁宁又自告奋勇地要帮助小宇补习数学，没想到小宇呛了他一句：“谁让你帮啊，狗拿耗子——多管闲事。”

宁宁不明白，为什么自己一片好心，却总得不到好报？难道是自己错了？

爸爸送给儿子的密语

青春期的男孩都渴望能够交到真正的朋友，没有真正的朋友就会感觉很孤独，并会影响自己的生活和学习。但是很多时候，常常不是只要怀有交朋友的热情就能交到真正的朋友的。能否交到真正的朋友也需要技巧，或者说交朋友也有一些问题需要注意。

以下是一些青春期的男孩在交友时需要注意的问题，希望男孩能够遵守，以帮助自己交到真正的朋友。

第一，对朋友多一些理解和体谅。

哪怕是最亲密的朋友，也不可能对每一件事情的看法都与你完全一致，总会有分歧或冲突。因此，对朋友有了意见或与对方发生分歧，要试着理解和体谅他，尽量“求大同存小异”，不为一点点小分歧而伤了彼此的和气，不要只顾自己的想法想怎么说话就怎么说话、想怎么做事就怎么做事。

第二，要学会与朋友同甘共苦。

“有福同享，有难同当”几乎是每个人对朋友关系最真切的愿望，也是最能证明友谊真假的途径，尤其是能与朋友“有难同当”。因此，当朋友悲伤时，我们应该给予其安慰，当朋友遇到困难时，应该尽力给予帮助。顺利时能够从朋友那里得到“好处”，遇到困难时“劳燕分飞”，这绝不是真正的友谊。

第三，学会尊重朋友的隐私。

每个人都有自己的私密空间，青春期的少男少女更是如此。再要好的朋友，彼此也都有自己不想让对方知道的隐私。朋友把自己的某些隐私告诉你，并不意味着他也希望其他人都知道这些事情。因此，对朋友的某些隐私要注意保密，不要随随便便跟人提起，尤其是他的一些不光彩的经历。

第四，少批评，多赞扬。

即使朋友间相处需要真诚，也并不是说可能对朋友见短就揭、见错就批。每个人都有自尊心，对朋友的缺点、错误直来直去地评说，这常常会伤了对方的心，伤害彼此的友情。因此，男孩如果有这种坏毛病，就要努力改进，尽量少批评对方，批评时也要委婉，不可太过于武断、直接，不可当众指责对方，要努力发现对方的长处，多赞扬对方。

努力遵循以上这些交友原则，相信男孩是能够交到更多真正的朋友，让友谊之花遍地开放的。

男孩子为什么要让着女孩子

男孩青春期问题：

马上就要初中毕业了，为了让大家放松心情，这个周末，班长组织全班同学去郊区游玩、野炊。他们雇来一辆大巴，星期天天刚蒙蒙亮，全班五十多名同学就兴高采烈地准备出发。

曲炜是个从小娇生惯养的男孩，什么事都不想吃亏，什么好事都想争第一。可今天他却玩得很不痛快。因为他总是抢先得到各种好处，连女孩子的便宜都要占，被同学们数落“没有绅士风度”、“缺乏教养”。

大巴车来了，曲炜第一个冲到车前，着急地先上车占了个好座位。没想到，班长一下子喝住了他：“曲炜，下来，女士优先，懂吗？”虽不情愿，曲炜还是乖乖地下了车，因为班里的女生多，女生们都上车落座之后只剩下了少数几个座位。结果，曲炜没有抢到好座位，就对班长“怀恨在心”。

下车后，要乘船过河，曲炜又要抢先上船，“女生先上，”班长又一次推开了曲炜；体育委员去买了冷饮回来后分发给同学们，曲炜抢先去接，体育委员缩回手说“女生先来”。这下，曲炜不解地抱怨：“为什么总是女生优先啊？女生是皇帝啊？”

爸爸送给儿子的密语

男性谦让女性是很多国家的一种基本社交礼仪，这种礼仪的形成一方面与男性和女性本身的性别差异有关，另一方面与社会对男性和女性的性别期待不同有关。

从整体上来说，女性比男性要处于“劣势地位”。比如，女性的体格不如男性高大健壮，女性还要承担生儿育女等消耗体力、体能的任务，社会要求男性要勇敢、大度、坚强，要承担照顾女性的重任，对女性的要求则会相对宽容一些。当然，社会的性别期待与人类发展历史、社会发展程度也有很大关系。

因此，专家认为，男孩子多礼让女孩子，才能体现出男女平等，体现出社会的文明和进步。他们指出，男生像绅士，女生才会像淑女，男生谦让女生是符合社会性别期待要求的，也是符合社会文明发展方向的。针对这一问题的实际调查也显示，绅士型的男性更受欢迎，女性更喜欢具有绅士风度、能够谦让女性的男性，而具有良好修养的男性也更期望能谦让女性，因为这能够给他们一种心理满足感。

所以，青春期男孩要学会谦让女孩，培养自己的男子汉气概，做一个受女士欢迎的绅士。具体来说，可从以下几个方面努力：

第一，尊重女孩的愿望和要求。

男孩应该大气一点，在一些不违背原则的事情上要学会尊重女生的愿望和要求。比如，男孩为了教室通风要打开窗户，但女孩因为怕冷而不想开窗户，此时男孩要尽量尊重女生的要求而关闭窗户。当然谦让不是指可以过分迁就，涉及原则的事情就不能总是尊重女孩的愿望和要求。如何把握好谦让的度就是一门艺术了，其前提是不要给双方带来较大的身心伤害。

第二，把优先享受的权利让给女孩。

“女士优先”的重要一点就是男孩要把优先享受的权利让给女孩，比如一起吃饭时，先让女孩动筷子，吃水果时先让女孩挑选，乘车时先让女孩就座，观看电影时让女孩坐在更好的位置，在外同行时让女孩走在安全的一侧，等等。把优先享受恩惠、好处、便利的权利让给女孩，这体现的是男孩对女孩的关怀和爱护，体现的是对女孩的尊重和支持，男孩要努力做到这一点。

第三，应对困难时抢在女孩前面。

如果是体力活，男孩力气大，就要多做一些，比如值日时重活、累活、脏活要抢先做，把轻松的任务让给女孩子；搬重物时，男孩要勇于承担起来；女孩遇到困难时，男孩要乐于相助。

只要用心做到谦让女孩，相信每一个男孩都会成为有修养、颇受女孩欢迎的真正的绅士。

如何拒绝别人的不正当要求

男孩青春期问题：

前两年，广东某地一家报纸连续报道了某中学初三学生小峰被同学勒索的事件。自从上初中以来，小峰几乎每天都要忍受同班同学小李的恐吓、勒索，从最初的每次2元、5元、10元一直上涨到每次四五十元，两年多来小峰被小李勒索共计近万元。

小李是小峰班上的同学，在小峰看来，小李是“大哥”，个头、年龄、力气、脾气等都要比自己大。很多时候，小李还是小峰的“保镖”，在小峰受其他同学欺负的时候，小李就会挺身而出保护小峰。因此，小峰既害怕小李又“依赖”他，不敢对他有一丝一毫的违抗。从第一次被勒索以来，小峰就一直没有拒绝和反对，也一直没有告诉父母和老师。

直到后来小峰的父母发现儿子花钱越来越多的时候，经多次盘问，小峰才最终将事情的经过告诉了他们，而小峰被勒索的事件也引起了当地媒体和教育界的广泛关注。

爸爸送给儿子的密语

在生活中，很多男孩会不可避免地遇到别人向自己提出一些不正当的要求的情况。比如，有人要求你每天都帮助他写作业，有人过生日时要求你送很昂贵的礼物给他，有人勒索你或要求你去偷盗、抢劫等。

对于别人诸如此类的不正当要求，如果不答应对方，可能会伤害彼此的感情，甚至会招致对方的报复；但是如果答应对方，就可能会给自己或家人带来某种程度的伤害或损失。因而，学会拒绝、学会说“不”就成为青春期男孩需要掌握的一项重要交际技巧。

当别人对自己提出不正当要求的时候，我们应该怎么做呢？下面是一些关于如何拒绝的方法和建议，供男孩子参考：

第一，首先要明白，拒绝不代表自私。

很多不善于拒绝的男孩常常有一种错误观念，那就是认为拒绝别人就说明自己对对方漠不关心，不顾及朋友的情意，说明自己自私。于是，他们就因为害怕让对方灰心，害怕被讨厌、挨批评，害怕损害友情，而无奈地同意了别人的请求，宁愿竭尽全力地为对方做事，也不愿拒绝帮忙，即使自己没有时间也要牺牲自己的利益去满足对方。其实，学会委婉地拒绝对方不正当的要求，同样是一种修养，同样可以赢得别人对自己的尊敬。

第二，培养自信，培养判断是非、自我决断的能力。

拒绝的能力与自信有紧密的联系，缺乏自信的人常常为拒绝别人而感到不安，把不答应对方的要求视作自己无能的表现。同时，正确应对别人的各种要求，还需要良好的判断是非以及自我决断的能力，比如要明确哪些事情是可以做的，哪些事情是不可以做的，哪些事情是自己能做的，哪些事情是自己没有能力做的，并根据这些判断作出正确的决断。因此，男孩要努力培养自信心，培养自己判断是非、自我决断的能力，在别人提出不正当要求的时候要果断地拒绝。

第三，不必为拒绝而感到愧对对方。

如果要拒绝对方的要求，坚决而直接地用语言说出即可，比如："感谢你这么信任我，不过这件事我不能帮你，对不起。"不必为拒绝了对方而过分道歉。有的男孩会觉得拒绝对方的要求是欠了对方，就千方百计地表达自己的歉意，甚至想办法去弥补这种歉意。这是没有必要的，每个人都应该有自己坚持的原则。

第四，不要担心拒绝会惹恼对方。

有些青春期男孩不敢拒绝别人的不正当要求，常常是因为害怕自己的拒绝惹恼了对方，害怕遭到对方的"报复"，于是就委屈自己而答应了对方。这种做法常常会让对方"得寸进尺"，使他提出更多不正当的要求。因此，在别人向自己提出某些不正当要求时，男孩要学会勇敢、义正词严地拒绝对方。

第五，说明拒绝的理由，表达对对方的关怀。

拒绝对方不正当的要求时，要明确说出拒绝对方的理由，在拒绝的过程中努力表达出对对方的关怀。比如，如果有同学要求自己每天帮助他写作业，可以这样拒绝他："对不起，我不能够帮你写作业。第一，我的时间不允许，我有很多自己的事情，精力有限。第二，这是更重要的，我觉得我帮你写作业不是在帮你而是在害你。你想，我帮你写了作业，你是省事了，可是学过的知识你不能及时得到巩固，题还是不会做，这样就考不好试，到时候考不上大学你怪谁去？如果你不会做，我可以教你。”相信这样的拒绝会让对方放弃自己的要求。

可见，拒绝并不是坏事，拒绝对方的不合理要求也许暂时会让对方感到难过，但从长远来说，却是对双方都有利的事情。

老师是最可信赖的朋友

男孩青春期问题：

有一位初中男孩在日记本上记下了他在一个学期中遇到的心理问题：

“在本学期前两个月中，因为学习上很吃力，我心中充满了无数的烦恼与痛苦，我不知道如何向父母说。我上课时没有心情听课，总是走神，我越来越感到学习没有了意义。我知道英语老师很和蔼，是一位非常喜欢倾听学生烦恼、喜欢帮助学生的老师，她是我可以诉说烦恼的人。我总想去找她，但又不好意思，因而迟迟未去。”

“这个月里，以前留在心中的疙瘩仍然没有解开，接下来又发生了一连串的事情，爸爸妈妈误解了我，同学疏远了我，好朋友伤害了我，这些事情更增加了我心中的烦恼。心中有很多秘密总想和别人谈一谈，但在学校里我找不到一个合适的人，我有很好的哥们儿，但总觉得他们并不能真正理解我。很多次，我都想找英语老师说说心里话，可始终没有勇气，当她走到我身边的时候，我又害怕和她说，心里总是很矛盾。”

“哎，谁能和我做好朋友，帮助我解除心中的烦恼？谁能带我走出苦海，让我把快乐的心找回来？谁能帮助我恢复到原来那个天真、快乐、无忧无虑的少年？这些问题我想了很久很久，始终找不到答案，许多烦心的事就这样一直在我的心中回荡。”

爸爸送给儿子的密语

学习的压力、成长的烦恼、交际的冲突、情感的困惑，处于青春期的很多男孩子会因为这些事情而产生许多烦恼，出现心理问题。面对这些烦恼，男孩很希望有一个好朋友能够帮助他走出阴霾。

同学中比较要好的朋友可以担当这个帮助男孩消除烦恼的角色，父母可以担当这个角色。但是，很多时候父母因为不懂教育、不了解男孩的心思，不仅不能帮助他解决烦恼，反而会“火上浇油”，而有些问题好朋友也难以帮助其解决。在这个时候，男孩千万不要忘记老师这个重要角色。

老师对学生的职责和任务是“传道、授业、解惑”，不仅要为学生传授各种文化科学知识，还要帮助学生解决心中的各种“疑惑”，这些疑惑既包括学业上的问题，还包括学生人生中遇到的各种难题，比如理想追求的困惑、交友的难题、自我的困境等。相信每一位老师都愿意成为学生的“人生导师”，帮助学生排忧解难。

因此，男孩要把老师当成最可信赖的朋友，在遇到困惑无法解决的时候，也可像请教知识难题一样去向老师请教，有了心里话可以向老师诉说，有了烦恼可以向老师倾诉，有了快乐可以与老师一起分享。那么，男孩究竟该如何做呢？下面是几点建议：

第一，经常与老师沟通交流。

要努力拓宽与老师的沟通渠道，比如上课积极回答老师的问题，课间主动与老师讨论各种问题，课外活动经常找老师咨询学习方法、征求做某事的意见，等等。与老师不仅仅可以讨论学习上的问题，也可以交流生活中、人生中的各种事情，这样可以加深彼此间情感和心灵的沟通。由于传统教育观念的影响，很多学生除了学习上的问题，不喜欢与老师交流其他很多诸如生活中、人生发展中的事情，这其实是放弃了一条重要的人生学习的途径。

第二，利用各种方式与老师交流。

与老师交流沟通不一定是面对面的，有很多方式可以促进师生间的交流和沟通。比如，可以用打电话的方式，双方不见面，这样可以消除有些男孩对老师的恐惧心理，便于把心里的困惑说出来；可以给老师写信或者在作业本上留言，用文字说明自己的问题和困惑；可以通过班级留言簿、班级信箱等方式与老师交流，等等。

不管采用什么方式、通过什么途径与老师沟通和交流，目的都是让老师帮助自己解决某些问题，从老师那里获得生活或人生的经验，从而使自己获得有益的成长。因而，男孩可根据实际，采用自己喜欢的、合理的方式让老师这个朋友帮助自己解决某些难题。

该怎样对待同学间的“有偿帮助”

男孩青春期问题：

读初二的陈剑在一家私立中学读书，平时读书并不十分用功，但学习成绩还可以。自从进入寒假后，陈剑就几乎每天都在拼命地写作业，白天顾不得玩，晚上也经常熬到半夜12点多还不睡觉。

原来，陈剑“承接”了他们班好几个同学的寒假作业，他自己做完作业后，就原封不动地在其他同学的作业本上照抄一遍，而且每本作业收费15元。这样，这个寒假陈剑比上学还用功，而其他请他写作业的同学则可以自由自在地疯玩，不用为寒假作业而费脑筋了。

陈剑这个寒假靠给同学写作业挣了“一大笔钱”，这是属于他自己的劳动所得。他对此别提有多高兴了。

爸爸送给儿子的密语

在我们的传统观念里，帮助人而又谋求回报，并不是一种高尚的行为。但随着商品经济的发展和市场观念对人们的影响，“等价交换”的理念被很多人嫁接到了人际关系之中。处于青春期的孩子也被“等价交换”的观念所影响。

在当今校园里，随处可见“等价交换”的影子，同学之间的“有偿帮助”是其中非常普遍的一种现象。我们经常会发现在中学生中有许多变了味的“帮助”，比如在考试时帮同学作弊、平时帮同学写作业要索取金钱或物质的报酬，有的同学在评选“三好学生”时拉选票，答应只要同学投他一票，就送一瓶可乐或者一块雪糕，同学帮助自己掩盖了错误就请他吃饭，等等。

也许，同学之间这种“有偿帮助”所花费的金钱并不贵重，但是这种现象所反映出来的人的思想观念不能不值得我们深思：这种行为究竟是对是错？中学生该不该做这种“有偿帮助”，或在帮助别人后该不该接受回报？相信许多正处于人生观形成时期的青春期男孩对此感到很困惑。

虽然市场经济与等价交换的理念有利于社会的发展，有利于人们通过诚实劳动获得财富，但是对于人生观正处在形成时期，还是纯消费者的青春期学生来说，实行这种“有偿帮助”可以说是弊大于利的。其原因是：

首先，青春期孩子经济上还没有独立，都是在消费父母的劳动所得，父母的创富才能并不代表他自己的创富才能，“有偿帮助”容易使某些家庭贫困的同学只知道责怪父母的无能，却不懂得要通过自己的努力学习提高自己成年后的创富才能，影响亲子关系的良好发展。

其次，同学之间的“有偿帮助”，容易形成“富贵”者指使人，“贫困”者受人指使的风气，这容易使家庭富裕的孩子产生优越感、厌弃劳动和付出，也容易使贫困家庭的孩子产生自卑、低人一等的不良心理。

再次，孩子纯洁的心灵会因“有偿帮助”而受到玷污，受到扭曲和伤害，不利于人格的发展和良好个性的形成。同学之间团结友爱、无偿地互相帮助有利于培养同学们良好的道德情操和善良的品行，培养同学们懂得感恩、懂得珍惜的品德，而沾染了铜臭的“有偿帮助”却容易使这些良好品质的培养受到阻碍，使得青春期孩子长大后更注重帮助别人一定要求回报，容易对人缺乏同情心，从而变得冷漠自私。

最后，“有偿帮助”容易淡化同学之间的感情，同学之间互相帮助可以激起对方的内心感动，从而加深双方的感情，但“有偿帮助”却会淡化这种感动。

因此，青春期男孩要正确对待同学之间的“有偿帮助”，同学间互相帮助偶尔给予或获得有意义的物质或金钱回报，这是可以的。但尽量不要把这种价值观当成同学间一切帮助的行动指南，不要用金钱来评判是否对同学进行帮助、进行什么样的帮助。帮助了别人应不求回报，如果对方执意要给自己报酬，可以要求精神上的回报，比如要求对方帮助自己学好英语、借给自己一本好书等；别人帮助了自己，要懂得感恩对方，可以通过金钱以外的其他方式给对方以精神回报。

别疏远爸爸，他对你的成长有着非凡的意义

男孩青春期问题：

张劲松是一个孤独的孩子，他非常喜欢一个人骑着摩托四处流浪的感觉。当然，这种流浪不过是到城市边缘游走一圈然后静静地归队——

回到爸爸妈妈所在的那个屋檐下，一个让他郁闷得要发疯的地方。

骑着摩托的张劲松通常都是信马由缰，随意穿过一条条脏乱不堪的狭窄小巷子。沿路，有一些漂亮的女孩子不经意地瞟他一眼，他就会感觉非常兴奋，很有一种酷酷的受女人拥戴的感觉。毕竟，他只有15岁，年少轻狂难以避免。也只有在这个时候，张劲松才会从对家庭对自己厌倦的状态中解脱出来，重新变得活力四射。在稍微宽阔而又有女生的地方，他还会驾着摩托玩几个花样，直到听到女生的尖叫，他才会心满意足地走开。

如果哪一天他没有骑着摩托兜一圈，那么他就会觉得这一天无聊透顶，难受至极，以至于他都没有信心去想第二天的事情。所以，即使学业非常紧张，他也会给自己挤出一些玩摩托的时间。当然，爸爸是极力反对的，但是他，哼，反对无效。张劲松甩甩头，一副无所谓的样子。

盛夏的一天傍晚，张劲松做完作业，又骑着摩托去“散步”。穿过一个胡同口，突然耳畔响起一阵洪亮的歌声，循声望去，在一扇开着的窗户里，他看到了一幅温馨的画面。一个穿着大裤衩、裸露着上身的30岁左右的男子，在一个烧着水冒着烟的煤炉子旁忘情高歌，一个穿着花裙子、面容很像男孩子的五六岁小女孩在炕上，伴着男子的歌声在翩翩起舞。显然，这是一对父女，他们的脸上写满欢乐……

张劲松“嚓”的一下刹住了车，声音急促，引起了窗户里这对父女的注意，那位父亲回过头来盯着他看，张劲松连忙解释说：“哦，我觉得很好听，小姑娘的舞跳得也很美。”那位父亲憨厚地笑了，低下头弄那个煤炉子。张劲松借机打量了一下这户人家，非常简陋，屋内除了一张床和一个柜子之外几乎什么都没有。那个小姑娘受了张劲松的鼓励，舞得更加起劲了，她一边跳一边喊：“爸爸，伴奏。快点，伴奏。”

张劲松启动摩托走了，可不知怎的，他竟然一点都不想再往前走，他烦闷极了，决定回家。一到家，就看到爸爸正在客厅里读报纸，妈妈在忙碌着做针线活。沉闷，永远的沉闷。见到张劲松进来，妈妈抬头关切地说：“今天怎么这么快就回来了。”张劲松鼻子里“哼”了一声，算作回答。他偷着看了看爸爸，爸爸却连头都没抬，张劲松忽然感觉非常愤怒，这个男人，到底是不是自己的父亲，为什么他从来就对自己不闻不问？张劲松怒目瞪着爸爸，妈妈察觉到了，问道：“怎么了，儿子？”

爸爸终于从报纸上抬起头来，他看到儿子正在看着自己。张劲松并不想收回自己的目光，他迫切地想要发泄自己的愤怒。爸爸感觉到了异样，他收起了报纸，喊道：“儿子，我看你好像有话说？”张劲松冲口说道：“你不是我爸爸吧？”

“啊？你说什么？”爸爸一时间没有反应过来。

“你不是我爸爸，我敢确定。”

“你在说什么？”妈妈厉声喝道。

“没关系，我想你可能很久都没有和爸爸好好谈谈了，所以对爸爸有意见了。”爸爸宽容地笑道。

“如果你是我爸爸，为什么对我不闻不问？”

“小松，你怎么这么说你爸爸呢？你喜欢骑摩托车，你爸觉得危险，可是你不听话，他就每天都偷着给你检查摩托车。你经常生病可是又不喜欢锻炼身体，你爸苦思冥想找办法，他发现你喜欢武术，就四处寻觅找到一个好的武术老师给你指导，但是他怕他给你安排你会反感，就故意跟你一起看成龙的电影，看到你很喜欢，还说很想尝试一下，就让我出面给你报名……你怎么能这样说你的爸爸呢？”

张劲松有些惊讶，爸爸为他做的这些事情，他完全没有感觉。他感觉到的就是妈妈的唠叨和无微不至的照顾，让他注意身体，不厌其烦地给他准备衣服和食物。可是爸爸，他很少说话，谁知道，他竟然和妈妈一样正在关注着自己。

爸爸送给儿子的密语

无论你的爸爸多么粗心，有多么繁重的工作，他大都不会放松对儿子的教育。而一个父亲对于儿子的影响力，也是妈妈所不能比的。美国著名心理学家杜布森认为：让一个男孩和一个合适的男人在一起，这个男孩永远不会走上邪路。

众多研究表明，父亲在孩子发展的许多方面发挥着巨大的作用，父爱对男孩的发展具有独特的价值。美国现任总统奥巴马对父亲的教育价值感触非常深，他说：父教缺失不但会影响一个孩子，还会影响一个国家，一个社会。著名作家孙云晓也说：父爱与母爱是不同的，再好的母亲都不能替代父亲的作用，就像再好的父亲都不能替代母亲的作用一样。而对于青春期的男孩子，父亲对他的影响力决定了他的一生。具体说来，父亲的影响力包括以下几点：

第一，父亲是儿子的第一个男子汉榜样。

父亲是男孩男子汉气质的源泉，男孩的男子汉气质主要是通过模仿父亲获得的。处于青春期的男孩，大多最先讨厌的人就是父亲，但其实他模仿得最多的还是父亲，无论喜欢父亲的行为，还是不喜欢。父亲对男孩性别角色的形成、性别行为的塑造以及性别社会化的完成发挥着至为关键的影响。

很多看起来很优秀的父亲，也是会受到成长中的男孩的反对，很多时候，这些优秀父亲的儿子只是为了使自己超越父亲而故意作出对抗，其实，这也是一种男性激素作用下的模仿。

第二，父亲的养育方式更符合男孩发展的需要。

父亲的养育方式往往跟母亲是不一样的，在绝大多数的文化和社会阶层中，父亲都不会像妈妈那样啰哩啰唆，也不会像母亲那样细腻地关注儿子，这通常会引起孩子的误解，认为父亲对自己并不关注。实际上，父亲在用一种独特的男性方式来养育自己的儿子。

父亲更倾向于默默做一些事情，因为他懂得被人安排会使男性尊严受到伤害；父亲相对于母亲来说会更加宽容一些，因为他懂得青春期男孩的冲动，他潜意识里甚至鼓励男孩子的这种冲动，尽管他会提出反对意见；父亲会通过间接的方式进行教育，而不愿意用枯燥的说教来和儿子进行沟通。

男性的这些教育方法对于青春期的男孩非常适合，既保证了孩子不会走上歪路，又保护了那膨胀的男性自尊心。当然，父亲还是严厉的，当面临冲突时，母亲倾向于迁就孩子，而父亲则更注重“立规矩”。在孩子遇到困难时，母亲倾向于立刻帮助孩子，而父亲却往往迫使孩子去发挥自己的智慧、能力，从而在意志品质上和解决问题的能力上得到充分锻炼。

可惜，父亲的看似“不作为”和严苛却总是会引起男孩的反感，他们还无法懂得一个男人的包容和大气，毕竟他们刚刚把自己当成一个男人看待。当然，也有一些并不成熟的父亲，在人格上和行为上都会有少许缺陷，这样的父亲通常都会对男孩产生恶劣的影响。但不管什么样的父亲，他们的男性性别还有男性的做事方式，对男孩来说都是一种成长的促进剂。

所以，孩子，你先别急着疏远你的爸爸，和他多聊聊，听听一个成熟男人对这个世界的看法，那对你的帮助将非常大。即使你的爸爸有缺陷，那又有什么关系，你已经长大成人，学会了判断，学会了选择，那就择其善而从之，择其不善而改之吧。

第5章

好好学习：提高效率，度过最为重要的『成绩突变期』

伴随着青春期的来临，很多男孩升入中学后会感觉学习有些吃力。这一方面是因为身心的巨大变化带给了男孩心理上的种种压力和烦恼，从而影响到学习；另一方面是因为中学学习的科目突然增多并且内容加深。学习上和生活中这些突如其来的变化常常让某些男孩措手不及，也正是由于以上这些原因，中学时期可以说是一个成绩突变期，而提高学习效率，顺利度过这一时期，是保证优异的学习成绩的关键。

青春期为什么会厌烦学习

男孩青春期问题：

平平最近一直很苦恼，因为自从上了初中他就不再喜欢学习了，他觉得书本上那些文字、符号十分单调乏味，一本本教材如同天书。他一看书就开小差，别人一提学习他就烦躁，上课时他常常会瞌睡不断，有时候还忍不住在课堂上搞一些学习之外的小动作，不是逗逗前座的同学，就是东张西望，或者与邻座的同学悄悄说话。他觉得这些事情远比听课有趣得多，恨不能永远不再上课。每次写作业时他都拖拖拉拉、马马虎虎、应付了事，一支笔能拿在手里看上大半天，因此，他常常完不成作业，即使交上作业也会错一多半。

为此，妈妈没少批评平平，天天给他讲“要好好学习”、“不好好学习就考不上大学、找不到好工作”等大道理。平平不是不懂得这些道理，他也想好好学习，可就是学不进去。妈妈的数落让他对学习更加厌烦，甚至妈妈一提到学习这个话题，他就跟妈妈急，母子俩已经很多次因为学习的事情而翻脸了。平平知道这样做是不对的，但就是毫无办法。

爸爸送给儿子的密语

厌学是指对学习失去兴趣，在学习上产生倦怠情绪，以逃避和对抗的心态对待学习的行为表现。具体表现为：不愿意学习，学习动力不足；上课时注意力分散，听课不专心，做作业不用心；学习中消极被动，思维缓慢；学习效率低，知识脱节无系统；考试及作业错误率高，学习成绩较差；严重者可能会有逃学、离家出走、沉溺网络等不良行为。

据有关调查显示，“喜欢学习”的初中生约占10.7％，而高中生仅为4.3％。可见厌学是处于青春期学生普遍存在的现象。青春期学生厌学的原因很复杂，既有主观原因，也有客观原因，比如自己缺乏学习兴趣和有效的学习方法，缺乏明确的学习目的和坚强的学习意志，情绪不好，学习负担和压力过大，教师讲课单调乏味、教学方式落后，学习内容脱离实际等。

如果青春期男孩出现了厌学情绪，那会是很痛苦的一件事，因而，男孩如果开始厌学就要及时想办法去解决。当然，克服青春期厌学需要自己、家长、学校三方的共同努力。那么，对于男孩自己来说，该做哪些努力来克服厌学情绪呢？

第一，明确学习目的，制订学习目标和计划。

首先要明白自己为什么要学习，是为了获得知识、培养能力，还是仅仅为了考得高分、得到一纸文凭？答案当然是前者。因此，男孩要努力在学习中将获得更丰富的知识、培养自己的能力作为重要的学习目的，要注重在听课、写作业、复习、考试中获得更多有益的知识，注重培养自己运用所学的知识来解决实际问题的能力，而不要仅仅只是做对了题目、考试得到了高分就了事。

此外，学习目标和计划的制订也是克服厌学的一个有效方法。因为有了可行的目标和计划，学习活动就会有的放矢，就会有明确的方向，避免你在学习上盲目乱撞、劳而无功。因此，男孩也要学会制订科学的、可操作的学习目标和计划。关于如何制订学习计划，后面有关章节还有详细论述。

第二，培养浓厚的学习兴趣。

很多男孩不是不明白学习的重要性，主要是提不起学习的兴趣。心理学研究显示，浓厚的学习兴趣可以使人的学习进入高效能的状态，当人心情愉快时，大脑就容易处于最佳工作状态，此时的学习效率会非常高。因而，要努力培养自己对学习的兴趣，比如可以把学习当做自己要战胜的敌人，自己就是战士，努力想出战胜敌人的各种招数，在好胜心的驱使下学习就会变得有趣；运用灵活多变的方式来学习，比如通过解决生活中的数学和物理问题来加深对数学和物理知识的理解，通过观察大自然来学习自然知识，等等，这都可以使自己对学习产生兴趣；在学习中不断给自己提出小目标，努力达到这些目标，就会体验到成就感，有了更多的成就感就容易对学习逐渐产生兴趣。此外，还有很多方法可以帮助自己培养对学习的兴趣，男孩不妨努力去思考、创造，让学习变得有趣而有意义。

第三，养成良好的学习习惯。

有了良好的学习习惯容易促进学习顺利进行，提高学习效率，这对学习成绩的提高、学习能力的培养都大有裨益，对抵制厌学情绪也有很大的帮助。好的学习习惯有：课前预习，先复习后写作业，学习时聚精会神，听课时做好笔记，等等。

第四，掌握科学的学习方法。

学无止境，青春期的孩子学习的任务较重，如果缺乏科学的学习方法就如老牛拉慢车，费时而低效。有了科学的学习方法对学习会有很大的促进，可以达到事半功倍的效果，这也就是有些学生花很少的时间学习成绩却很好，而有的学生一天到晚死学成绩却仍不理想的原因，所以要学会学习，学会学习就会让学习过程如虎添翼。科学的学习方法也有很多，比如学习后及时复习，在修改错题中学习知识，掌握科学的记忆方法，运用多种感官进行学习，如眼到、口到、手到、脑到等。

第五，科学用脑，保持良好的身心状态。

学习是一种繁重的脑力劳动，因而要学会科学用脑，保证充足的睡眠和大脑营养，不熬夜，连续学习满一个小时要休息一会儿，以便让大脑得到充分休息，多参加体育锻炼，保持健康的身体和愉快的心情。这些因素都会对学习效率和效果产生一定的影响。

男孩持之以恒地从以上几个方面去努力，相信一定可以克服厌学情绪，提高自己的学习效率和学习成绩。

儿子，学习是为了你自己

男孩青春期问题：

铮铮在小学的时候学习成绩还不错，但自从上了初中后，学习科目增多、学习难度也加大，他就有点吃不消了，于是就常常在学习上“消极怠工”。

妈妈看到儿子放松了学习，有时就不免唠叨他几句，可他依然不能全身心地投入到学习中。在忍受了一段时间妈妈的唠叨之后，铮铮学“乖”了，为了不让妈妈失望，他每天晚上吃完饭后就躲进自己的小房间，坐在书桌旁，把书打开，眼前放着练习本，手里拿着笔，摆出一副认真学习的样子。其实，这些都是铮铮做给妈妈看的，妈妈每次走进他的房间他就很专心地看书，妈妈一旦离开，他就随心所欲地想干什么就干什么，或者听音乐，或者看小说，或者画画，就是很少把时间用在学习上。

一天晚上，妈妈两次借着给铮铮端水或拿东西的机会，没敲门就进了他的房间，每次都发现他在入迷地看一本武侠小说。妈妈就借机训斥了他几句："看什么书呢？学习这么紧你怎么还看这种书啊？你说这些天是不是都背着我在看小说？你怎么就不能好好学习呢？你太让我失望了。你给我好好学习，别再看这种书了。"妈妈没收了儿子的小说。

铮铮很恼火："我讨厌学习，我凭什么这么辛苦地给你学习啊？你要是想要好成绩还是你自己学去吧！"

爸爸送给儿子的密语

不可否认，每一个父母都希望自己的孩子能够好好学习，能够取得优异的学业成绩。如果自己的孩子能够取得优秀的学习成绩，父母就会很欣慰，反之，父母则会很难过、很焦急，甚至会因此打骂、训斥孩子。但这并不说明，孩子努力学习只是为了父母，学习更重要的是为了自己。同样，青春期男孩学习也不是为了父母，而是为了自己。

一个人要从无知无识的婴儿成长为能够适应社会发展的社会人，唯一的途径就是要通过学习，使自己具备各种应对社会变化和自身发展的能力素质。只有具备了更高、更强的能力和素质，才能使自己在复杂的社会中立于不败之地。因此，青少年的学习是为了自己的发展，为了自己将来的幸福生活。

社会始终在不断地发展变化，社会竞争日趋激烈，在这种大背景下，我们若不通过学习相应的知识、经验、技能来发展自己的综合能力，就不能够生活得更好。物竞天择，适者生存，不适者淘汰，这永远是社会的生存法则。一个人若是不学习，就会止步不前，就只能被社会所淘汰。

也许有的孩子会说："我学习就不是为了自己，而是为了父母，因为我不想学习，是父母逼着我学的。”诚然，学习是辛苦的，也难怪很多青少年不喜欢学习。但青少年时期不经历学习的辛苦，自己将来很多事情就会做不好，到时候生活、工作就会更辛苦、更艰难，甚至会难以生存下去。青少年因为没有经历过踏入社会后的艰难和竞争的残酷，因而难以体会到不努力学习会给自己带来怎样的困难和痛苦，而父母已有了这种经历和体验，为了不让自己的孩子再经历这种辛苦和艰难，就会期望并极力督促孩子努力学习。

当然，青少年时期的学习是多方面的，要学习认识周围的万事万物，学习各种文化科学知识，学习与人交往，学习做事，学习做人，学习各种自然知识、社会经验和生活技能。而且，学习的途径也有很多种，可以跟老师学，可以跟书本学，可以向周围的人学习，还可以通过参加社会实践来学习。对于青少年而言，学习最主要的途径是学习书本知识，向老师学习各种知识。

综上所述，为了自己有一个美好的未来，男孩一定要把握好青少年这一学习的黄金时期，努力学习，掌握更多的知识和技能。

如何化解学习的压力

男孩青春期问题：

晓文在初中的时候，学习成绩经常是班里的第一，在全年级也排在前几名。可进入高中后，他的学习成绩就下降了很多，连“尖子班”

都没有进入。这所高中的“尖子班”配备了教学能力最强的老师，只有中考在全区前200名的学生才可以进入“尖子班”。晓文一直期望能进入“尖子班”，而以他初中时的学习成绩，进入“尖子班”是绰绰有余的。但因为初三下学期学习压力太大，中考失利，他与“尖子班”失之交臂。为此，晓文好长时间都心情烦躁。

这一天，天空阴沉沉的，晓文的心情坏到了极点。早上一上课，他就感到头痛欲裂，总想趴在课桌上休息，不想看书，不想听课，不想动笔写字。上第四节课的时候，晓文头痛仍没有减轻，他开始紧张了，担心这样下去，课听不好，作业完不成，考试考不好……一连串的问题使他头痛更加严重。他抬起头来，发现同学们都在聚精会神地听课，认真地记笔记。联想到自己这段时间许多不顺心的事，想到老师和父母对他寄予了那么高的期望，他的心情更加烦躁不安。“死了算了！”晓文不知道自己怎么会突然冒出这样的念头。那一刻，他觉得自己很孤独无助，很想冲出教室，跑到校外的河边去，结束自己的生命，结束这一切痛苦……

爸爸送给儿子的密语

据2009年中国青少年成长调查报告显示，约有七成的中学生因为学习压力大，而感到焦虑紧张。

本次调查主要围绕“90后”青少年学习、生活、心理等成长的方方面面进行，旨在了解青少年的学习、生活、成长状态，有超过10万名学生参与了调查。调查结果表明，因为中考、高考等竞争因素，69.75%的初中生和67.84%的高中生表示心理上显得紧张，并产生焦虑情绪，甚至产生自卑、嫉妒、封闭心理。导致他们紧张的因素，主要是学习竞争太激烈、学习压力很大。

可见，中学生有学习压力是比较普遍的现象。青少年产生学习压力有家庭、学校、社会方面的原因，也有学生个人方面的原因。比如，社会中考高考制度的存在，以学业成绩论英雄的观念影响，家长和学校对学生期望过大、过于看重学业成绩，学生自身心理承受力弱、应对压力的能力不强、缺乏学习兴趣和方法等，都容易导致青少年在学习方面产生很大的精神压力。

学习压力过大会抑制人在学习上的积极性和主动性的发挥，抑制人的潜能发挥，使得学习效率和效果都降低，影响学业成绩。而且，学业压力过大还容易使人产生焦虑、紧张、烦躁等各种不良情绪，带给人很多心理痛苦，影响自己的身心健康。因此，男孩要努力想办法化解学习压力。那么，我们该怎么化解学习压力呢？

第一，学习时要有张有弛。

如果长时间不间断地学习，大脑就容易疲劳，其工作效率就会降低。因此，学习要有张有弛，劳逸结合，合理安排学习和休息、娱乐时间，不能长时间地连续学习，学习累了就要休息一会儿，使大脑不至于过度疲劳。平时，不能把每天几乎所有的时间都安排用来学习，要留出时间适当参加一些体育活动、进行一些文娱活动，留出一些时间做些学习之外的事情。比如，学习累了可以去打打球、跑跑步，或者听听音乐、到室外走一走、与同学聊聊天等。要知道“7+1>8”，每天学习7个小时、玩1个小时，其效率远远大于每天连续不停地学习8个小时。

第二，不要过分追求完美。

过分追求完美常常会给自己很大的压力，男孩只要自己尽了力，只要按照计划、按照要求达到了预期的学习目的就可以了。不必一定要把所有的题目都做对，不必一定要把所有的知识都学会，不必一定要门门、次次考第一名。不要苛求自己，只要尽力而为，压力小了，学习反而会变得轻松，成绩也就容易提高了。

第三，学会宣泄。

精神状态对学习会产生很大的影响，心情好的时候学习效率就会高，反之效率就会低，学习压力也会增大。因此，在心情愉快的时候，就要尽量全身心投入地去学习。而当自己遇到不顺心的事情、心情烦躁时，就要先想办法调节好心情，可以通过运动、读小说、听音乐、找朋友倾诉等方式来宣泄自己的不良情绪，或者找个适当的场所大声喊叫或痛哭一场。

当然，化解学习压力的方法还有很多，比如制订合理的学习计划并按照计划有序地进行学习，运用科学的学习方法，树立学习的自信心等。这些内容就不再详细论述了。只要从多个方面去努力，学习压力就会减轻。

让写作文成为一件轻松的事

男孩青春期问题：

对于铭铭来说，和同学一起外出游玩是一件很快乐的事情。可是这个周末老师要组织班级同学外出游玩，铭铭却高兴不起来，心里腻烦透了。

从学校回到家，爸爸发现铭铭闷闷不乐的表情，很不理解，就疑惑地问儿子："明天不是要出去玩吗？怎么还一副不高兴的样子？"

"高兴什么啊，回来还要写游记，烦死了，哪有心情去玩啊？玩就玩呗，写什么游记啊！真没劲。"铭铭烦躁地发起了牢骚，"与其回来写游记，还不如自己待在家里看电视自在呢。”

“不就是写一篇作文吗，好像要了你的命似的。”爸爸微笑着说。

“你以为写作文简单啊，你去写写看！写少了不行，写得不符合老师的标准更不行，老师要求描写要详细、要具体、要生动……玩疯了的时候谁还注意路边的野花野草啊。哎，难啊，玩都不让人舒心。”

“你啊，就是有点懒，多看些范文，平时多练练笔，在生活中多观察生活、积累材料，作文不就好写了？”爸爸说。

“根本不是那么回事，我们想写的东西不让写，非要让我们写自己不喜欢写的东西，真没意思。”

“命题作文确实有些乏味，但作为提升你文字水平的一种方式，也不失一种好方法。来，我告诉你当初我是怎么写好作文的……”爸爸招呼铭铭。

爸爸送给儿子的密语

《中国教育报》曾对中学语文教育进行过一次调查，调查资料表明，约有八九成的学生不喜欢写作文。某知名教师总结了中学生作文的三大病症：一是思维闭塞、思路不清；二是无法准确表达自己所想；三是以华丽的语言掩饰苍白的思想。在高考作文中，也出现了很多问题，比如语言不规范，错别字多，文章含义深幽，内容空洞无物，对所描写的对象缺乏情感等。

出现以上这些现象的一个重要原因就是中学生生活经验贫乏，生活面狭窄，对生活的真实体验少，阅读面也狭窄。这就直接导致了很多青少年写作文时不知道该写什么，不知道该怎么写。其实，写好作文并不难，难的是不用心。那么，要让写作文成为一件轻松的事情，我们该从哪些方面努力呢？

第一，不断积累写作材料。

积累丰富的写作材料，这是写好作文的首要条件。对于写作文，闭门造车的做法是行不通的，缺乏丰富的材料也是不可能写好的。许多文章高手文思敏捷，很重要的原因就是他们脑子里有一个丰富的材料库，写起文章来就能顺手拈来、得心应手。积累写作材料，一是要多观察和体验生活，多看、多听、多做、多经历、多体验，不断积累生活中的各种丰富材料；二是要加大阅读量，尽可能地博览群书，积累书籍和资料中的材料。

第二，多学习多思考。

写作文仅有丰富的材料当然不行，还要努力学习一些写作的方法和技巧，尽可能多学习一些各个门类和领域的知识，多思考。要多读一些书，读书不仅可以积累写作材料，还能学到很多写作的方法。写作文反映的是一个人知识积累的程度，平时看的书多了，学习的知识多了，思考的问题多了，自然会有很多想写、可写的东西。

第三，多练笔。

写作能力的提高可以说是一个需要慢慢积累的过程，熟能生巧，写得多了，练得多了，很多写作技巧和方法就会越来越熟练，语言运用也会越来越熟练，思想和情感也会越来越丰富。因此，要写好作文，一定还要多练笔，单靠一时的突击训练是写不好作文的。要说练笔，写日记是一个很好的方式，把每一天所看到的、所听到的、所想到的、所经历的、所做的事情，都尽量写下来，日积月累，写作水平就会很快得到提高。

第四，练习各种体裁、题材的写作。

有的男孩说喜欢写自己愿意写的东西，比如写自己内心的想法、感受和体验、自己所经历的事情，但对老师布置的命题作文，比如与自己的生活实际没有多大关系的议论文、说明文等很反感。其实各种题材、体裁的写作是相辅相成的，可以相互促进提高的，对于中学生而言，学会各种体裁、题材的写作也是必需的。因此，男孩不要仅写自己喜欢写的东西，还要练习写自己不喜欢写的各种体裁和题材的文章，这对于提高自己的写作能力是必要的。

只要持之以恒地按照以上几个方面去做，相信对很多男孩来说写作文就不会再是一件困难的事情，而会变成一件轻松而有趣的事情了。

打败英语这只“纸老虎”

男孩青春期问题：

在初中所有的学习科目中，新新最讨厌的就是英语这门课了。他对学英语总有抵触情绪，一提到英语就头疼。新新总觉得自己一个连母语都说不溜的内向小伙子，学英语发音就更难了，每次课堂上他被老师叫起来读英语课文的时候，都感觉自己的舌头在不听使唤地打转，结结巴巴、句子读得支离破碎，偶尔还出现咬到舌头的情况。新新不明白：“为什么老外说的话这么费劲啊！”此外，那么多英语单词也常常让新新“英雄气短”，虽然他自认为自己的记忆力还不错，可那些英语单词他却绞尽脑汁也记不住，要么就是第一天会拼、会读、会写了，结果第二天默写的时候又忘光了。

为此，新新很是纳闷：“为什么我们中国学生一定要学英语呢？老师和父母都反复强调学好英语的种种好处，说学好英语将来可以出国，可以与老外交流，可以学到更多的知识等。可是我没有觉得学好英语有多重要，因为我将来并不打算出国，就算以后在路上遇到老外问路，我也可以用肢体语言来给他指路呀！况且，只是中国的书我就一辈子都看不完、学不完，哪还有精力去看英语的书啊？真是搞不懂！”

而新新也发现，在他班里好像很多男生都不喜欢学英语，而女生英语学得却都顶呱呱，莫非女生有学好英语的天赋？而男生天生不是学习英语的料？

爸爸送给儿子的密语

英国研究人员研究发现，相比较而言，女孩整体来说比男孩更喜欢说话，她们学习语言的能力比男孩更强。这也就是现实中女孩比男孩的语文、英语等语言类知识学得更好，以及语言类专业和院校女孩多于男孩的原因。

但是，男孩在学习语言方面的“先天不足”并不能说明男孩就一定学不好英语。先天条件只是影响男孩学好英语的一个非常小的因素，在正确的英语学习方法的指引下，这种先天条件差异甚至可以忽略不计。其实，很多男孩都具有学好英语的天赋，只是这种天赋常常在无形中被埋没了。对于学不好英语的男孩来说，英语其实只是一只“纸老虎”，只要用心，就一定能够打败这只“纸老虎”。

那么，究竟怎样才能更有效地学好英语呢？以下是几条建议：

第一，认识学好英语的重要性。

学好英语的重要性不言而喻。英语是当今世界上主要的国际通用语言之一，也是世界上使用最广泛的语言。英国、美国、加拿大、澳大利亚、新西兰等很多国家的人都讲英语，世界上约有20个国家把英语作为官方语言或第二语言使用。如果不能学好英语，我们就不能与世界各个国家交流往来，不能学习世界上其他先进国家的经验和技术，这样就容易使我们国家孤立、闭锁，难以更快更好地发展，因而学好英语是每一个中学生的责任和义务。

第二，要培养学习英语的兴趣。

有了兴趣，英语学习就会轻而易举、事半功倍。而学习兴趣不是与生俱来的，需要慢慢培养。男孩平时可多参加一些英语方面的有意义的活动，比如唱英文歌、做英语游戏、读英语幽默短文、练习口头对话等等。这些有趣的活动有助于男孩培养起学习英语的兴趣，有了兴趣学习英语就有了动力和欲望。

第三，在实际运用中学习英语。

英语是一门语言，是一种交际和思维的工具。学习语言最有效的方法就是在交际中、在实际生活中运用它。用英语说出周围事物的名称，用英语向人们问好，用英语与人交流，用英语写日记，用英语表达自己的要求，用英语表达自己所看、所想、所听、所经历过的事情，哪怕最初只用很少的几个英语单词来表达，随着时间的积累，英语运用就会越来越多、越来越熟练。

第四，每天坚持学习，不断积累。

就像学好语文一样，学好英语是慢功夫，不要企图一口吃成胖子，而要每天坚持学习、不断地积累。比如，每天只记住3个单词，一年下来，就能够掌握1000多个单词，一天只学会一个句型，一年的时间就会掌握英语大部分的句型。对于学习英语来说，分散学习要比集中学习的效果更好，每天集中学习两个小时并连续学习5天，不如每天学习半个小时并连续学习20天的效果好。

第五，要做到“五到”。

没有扎实的学习英语的基本功，就谈不上学好英语。而要想基本功扎实，就必须全神贯注地认真听讲，提高课堂效率，脚踏实地地做到以下“五到”：

1. 心到：课堂上应聚精会神听讲，大脑要始终处于兴奋状态，随着老师讲课的思路走，听懂每一句话，理解每一个知识点，多思考，做到对老师讲的知识心领神会。

2. 手到：学英语，动笔是不可缺少的。英语大多都是十分零散的知识点，没有人可以做到听后不忘、过目不忘。因而，听课时要做好课堂笔记，记忆单词和句型时一定要动笔写，这样可以加深对英语知识点的记忆。

3. 耳到：对于学习语言，尤其是学习英语，耳到是必需的。因而，在课堂上要认真听讲，不仅要专心听老师对知识点的讲解，还要认真听老师说英语的语音、语调、重音、连读、爆破音、断句等发音要领，课下还要坚持听纯正的英语录音带，以锻炼自己的听力，练习纯正地道的英语口语。听是学习英语非常重要的基本功，如果"听英语"这一方面没有做好，学到的英语就几乎没有意义。

4. 眼到：在认真听讲的同时，眼睛还要紧随老师，观察老师发音时的口形以及动作、表情、板书、教具展示等。大脑里形成的视觉信息和听觉信息相结合，听觉和视觉信息越丰富，对于学到的英语的印象就会越深刻。

5. 口到：学习语言，不张嘴巴是学不好的，疯狂英语创始人李阳的成功就是因为他勇于张开嘴巴说、读。英语读得多了、说得多了，语感就强了，一些英语单词、句子就容易在大脑中留下印记，而且还可以提高自己学习英语的自信和兴趣。因此，学英语的时候一定要尽量读出声、多说、多讲，要张开嘴巴，不必害羞。可以多读、多背诵英语课文，可以跟着录音机读，可以寻找机会与外教交流、参加"英语角"活动、与同学进行对话、讲英语故事、唱英文歌曲、演英语短剧、进行英语诗歌朗诵等。

男孩只要努力掌握好以上学习英语的方法和技巧，就能够驾轻就熟地学好英语，轻易地打败英语这只"纸老虎"。

克服糟糕的“健忘症”

男孩青春期问题：

今天数学课上，小轩学会了正弦定理的概念，老师讲完这个概念，小轩借助于老师画在黑板上的图形很容易地就明白了，小轩说：“哦，这也太简单了。”

晚上回到家，爸爸照例要对小轩当天的学习情况进行提问，帮助他进行复习和回忆。爸爸问他：“今天数学课上学到了什么？”

“正弦定理，这个定理也太简单了。上课时我听了一遍就很容易地听明白了。”小轩自信地回答。

“那正弦定理的内容是什么？”爸爸问。

“是三角形的边长与对角的……”小轩支支吾吾回答不上来，“我当时听得很明白啊，怎么就是想不起来了呢？”

小轩用力地拍了拍自己的脑袋叫道：“我这脑子呀！爸爸，我估计自己多半是得了健忘症了，最近我发现自己老是记不住东西。为什么很多课堂上听得很明白的知识我就是记不住呢？而且，我现在也特别容易忘事，有时候刚刚做过的事情一会儿就忘记了。”

“什么健忘症啊。你只不过是没有用心地去记忆而已……”爸爸对小轩的回答不以为然。

爸爸送给儿子的密语

什么是健忘症呢？医学用语称之为暂时性记忆障碍，简单地讲，健忘症就是大脑的检索能力或者说提取大脑中已知信息的能力暂时出现了障碍。严格来说，健忘症是一种比较严重的记忆障碍。对于青春期的男孩而言，只要大脑没有器质性的病变、没有功能性的障碍，是不大可能得“健忘症”的。

那么青春期时的“健忘”又是怎么一回事呢？这其实是一种很正常的“遗忘”现象，每个人在学习了某种知识、经验之后都会有遗忘，只不过有的人忘得快，有的人忘得慢，有的人忘得多，有的人忘得少。美国心理学家艾宾浩斯对遗忘现象做了系统而深入的研究，他指出：“遗忘是每个人都会有的，如果对学过的知识没有及时进行复述，就会遗忘；遗忘从学会知识的那一刻就开始了，最初的时候遗忘的速度是最快的，随着时间的推移，遗忘的速度就会慢下来；克服遗忘最好的办法就是及时地、不断地进行复述，也就是要积极地去记忆，要及时、不断地复习。”

从艾宾浩斯对于遗忘的研究结论中，我们可以总结出以下几点关于克服遗忘的具体措施：

第一，学习知识之后要马上进行复习。

遗忘从刚学会了某种知识的时候就开始了，如果不马上进行复习，即使当时听得很明白、学会了某个知识点，也可能会遗忘。所以，学过的知识要马上进行复习，每次听完课之后，无论听什么课，都需要马上回想一下这堂课讲了什么内容，这样就会加深知识在头脑中的痕迹，减少遗忘。

第二，要多次进行复习。

我们知道，遗忘是一个过程，学完知识之后的一段时间内一直在发生遗忘，只不过遗忘速度由快变慢。即使听完课之后复习了一遍相应的知识，但仍会遗忘某些知识点。因此，听完课后复习一遍还远远不够，还应尽可能在晚上或第二天，以及以后的时间里多次复习一下相应的知识，以便继续加深知识在自己头脑中的印象。

另外，遗忘的进程是先快后慢，最初遗忘得快，越往后遗忘得越慢。所以，复习时要根据这种遗忘规律灵活掌握复习频率，比如听完课后复习一遍，晚上再复习一遍，第三天再复习一遍，然后第五天再复习一遍……两次复习之间的间隔越来越长。这样既能充分地利用时间，又能有效地记忆相关的知识。

第三，尽量理解后记忆，运用有意记忆。

艾宾浩斯在研究记忆的过程中还发现，理解后的知识材料、与自己的兴趣和生活相关的材料以及有意义的知识材料更容易记住，反之，不理解的、与自己的兴趣和生活无关的、缺乏实际意义的知识材料则难以记住。因此，在记忆的时候要努力先理解知识的意思，了解知识所代表的意义，培养自己对所学知识的兴趣，尽可能地把所学知识与自己的生活联系起来，这样可以增强记忆的效果。

考试作弊千万不可为

男孩青春期问题：

马上就要期末考试了，健健、睿睿和小树几个好哥们儿都开始犯愁了，因为他们平时都没有扎实地学好功课，只想着疯玩。

“我现在就像热锅上的蚂蚁一样着急，平时光顾着玩了，也没怎么用功学习，这次考试肯定凶多吉少啦！”健健叹息道。

听了健健的话，睿睿也叹了口气：“我也一样啊，早知如此，何必当初啊！”

“看来，如果不想想办法，我们就都‘难逃厄运’了啊！想到我不能拿到好成绩，就要面对我爸爸那张恐怖的脸，我就害怕。”

“是啊，我们该怎么办呢？”小树也很焦急。

三个人好长时间都无话。

一会儿，健健像是作出了一个大胆的决定，他提议道：“你们先别垂头丧气，兵来将挡，水来土掩。要不我们作弊吧，只要你们有胆量，我就敢无条件地协助你们！”

“作弊？”小树和睿睿都惊呼起来，“要是被老师抓到了，不仅不能得到高分，还会受处分，这太冒险了吧。我可没胆。”胆小的小树说。

“哎呀，没事的，我们每个人先把一些重要的知识点写在一张小纸条上，考试时不会的题目就翻开纸条找答案。还有，我们要事先设定好一定的手势，通过不同的手势来传递答案，这样集合我们三个人的力量，总能多得一些分吧！”健健似乎对作弊成功胸有成竹。

爸爸送给儿子的密语

在当前的学校教育中，考试仍然是考查学生知识水平的重要途径，考试成绩仍是决定学生能否升学的重要标准，成绩高的学生会获得更多更好的求学和发展机会、赢得更多的赞誉。因而，每个男孩都会想在考试中获得高分。

在这种获得考试高分的动机驱使下，以及侥幸心理、虚荣心理、好胜心理的支配下，许多青春期男孩就会想到在考试中作弊，而且会有部分男孩从中“获益”——不费力气地获得高分。虽然考试作弊可以使一些男孩暂时得到“好处”，但它对青春期男孩的身心健康和长远发展都是不利的。

第一，影响男孩的身心健康。

考试作弊是一种欺骗行为，这会引起男孩在考试过程中的紧张不安，使他总是小心翼翼地提防不被老师和同学发现，容易产生不必要的考试焦虑而影响答题，影响考场上的潜力发挥。而且，一旦作弊失败，男孩通常会因为羞愧、失望、自责和沮丧等各种不良情绪的产生而影响下一科目的考试，影响以后的学习和生活，甚至还会在较长时间内存在心理阴影，使自己受到良心的谴责，这必然会影响自己的身心健康发展。

第二，易使男孩养成各种不良习性。

考试作弊是一种不诚实的行为，虽可以通过投机取巧获得只有平日下苦功才能得到的成就，但这容易使青春期男孩养成不诚实、懒惰等不良习性，使得他以后习惯于犯了错误就找借口、懒于思考和行动、喜欢不劳而获等行为和思考模式。这不利于我们良好个性的养成，也不利于我们获得学业、事业成功和生活幸福。

第三，不利于了解自己真实的水平，不利于今后的学习。

考试实际上是检查自己对平时学习的知识掌握程度的一个重要途径，考试中考得好的地方说明平时学习掌握得好，考得不好的地方说明自己没有掌握好，暴露出自己在学习过程中的薄弱点。这种考查结果可以帮助男孩在以后的学习中及时调整学习战略和学习计划，也可以帮助老师调整教学方法，以便更有针对性地对学生实施有效的教育教学。但如果通过作弊在某次考试中获得了高分，这并不能衡量自己真实的知识水平，也不能发现自己的薄弱环节，不利于今后学习和教师工作的改进。

我们要清楚，学习的目的不是在考试中得高分，掌握更丰富的文化知识、培养更强的能力、增进自己的长远发展才是我们学习的最终目的，而考试只是促进这种目的尽快实现的一个手段而已。因此，青春期男孩一定要放弃侥幸心理，绝不要在考试中作弊，踏踏实实地通过自己的努力获得高分才是最重要的，否则，受损失的还是自己。

逃学——逃掉的是未来的幸福

男孩青春期问题：

木木上初中二年级，他脑子很聪明，可就是厌学、贪玩。最近，木木更是不愿意学习，总想逃出课堂，到外面去自由自在地玩耍。

这一天，木木终于壮着胆子第一次逃学了，他先是去了学校附近的网吧。一进网吧木木就惊得差点叫起来，因为他发现网吧里有大约五六个他们学校的学生在上网。“哇，原来这里有这么多偷偷跑出来的同学啊！”木木感叹道。木木认识那几个逃学的同学，他们都是同级不同班的。于是木木走上前去一一同他们打了招呼。那几个同学也是因为厌学才逃学出来的，木木像是找到了“知音”，就和他们约定谁想逃学时招呼他一声，他陪伴。

此后，木木就总是隔三差五地和几个同学一起逃学，每次逃学总是托同学跟老师请个病假或者事假。他们或者一起去网吧，或者去公园游玩，或者去爬山，或者去看电影，几个人的逃学生活过得好不自在。

爸爸送给儿子的密语

中学生逃学现象，在很多国家都普遍存在，国际教育界已把逃学列为中学生的三大病症之一。据某地关于中学生逃学的问卷调查显示，大约有39%的学生，经常有逃学的念头或有过逃学的经历，其中10%的学生有实际逃学的经历。在有逃学念头的学生中，初三学生所占比例最大，达到了接受调查的初三学生总数的92%，按照性别来看，男生有逃学念头的比例高于女生。

可见，青春期男孩更容易出现逃学行为。男孩逃学的原因，主要是因为学习压力大，感觉学习没有趣味、学业成绩不良、学习任务繁重，还有的男孩逃学是因为被老师批评、与老师或同学关系紧张、不喜欢受学校各种规章制度的约束以及与父母无法沟通等。很多男孩逃学后，会选择上网、与朋友出去玩等。

逃学是一种不良行为，对逃学者自己的成长和发展有很大的害处，可以说，青春期时的逃学会逃掉自己未来的幸福。因为：

首先，荒废了最佳的学习时光。

青春期是人生中最佳的学习时期，这在前面已提到过。上课、接受老师传授知识和经验对中学生来说是最简便、最有效、最经济的学习方式，在学校参加的各种教育活动可以培养自己很多方面的能力和素质。而逃学却浪费了这种最佳的学习和成长机会，使自己不能及时掌握更多的知识经验，不能尽快地获得各种能力和素质，不能尽早地积累今后幸福生活的资本。这必然会减缓我们的成长和发展，甚至会扭曲我们的心灵，影响我们今后的幸福生活。

其次，不利于纪律观念的培养。

逃学暂时摆脱了老师和学校制度的约束，这虽然可以让我们获得身心自由的快乐，但我们要更好地在社会上生存，还要有一定的纪律观念，而逃学不利于自己纪律观念的培养，却易使自己养成自由散漫的不良习性。这必然会给我们适应社会带来很大的障碍，影响我们未来的工作、学习和生活，甚至还会诱发犯罪。

所以，男孩绝不要为了一时的快乐和自由而去逃学，不要因为一时的快乐和自由而丢掉自己一生的幸福。那么，为了避免逃学，男孩需要作出哪些努力呢？

第一，要加强自己的责任感。

学生上学读书是为了自己将来有幸福的生活，男孩要学会为自己负责任，要加强对自己学业的责任感，将搞好学业这项重要责任勇敢地承

担起来。

第二，学会约束自己。

虽然学习任务很繁重、很枯燥，但没有成功和幸福是不付出努力和血汗就能得到的。在学业困难面前，男孩要学会约束自己的行为，学会把握自己，积极采取各种有效的办法克服学习中的种种困难，而不是在遇到困难时就逃避。勇敢地面对学业中的挑战才是真正的男子汉的表现。

总之，男孩要努力加强对于自己学业的责任感，让逃学的念头逃之夭夭，努力约束自己的行为，使自己在人生的黄金时期获得最快、最好的成长和发展，为自己未来的幸福生活打好基础。

如何面对"考试焦虑症"

男孩青春期问题：

小宝读初二，他是个学习很努力的男孩，也很聪明，平日的学习成绩总是名列前茅，各科老师都把他作为一个考重点中学的"好苗子"来培养，在小学和初一时同学们还送他一个"考试中的常胜将军"的雅号呢！

可是小宝却有一个很大的烦恼，每到重大考试的时候他就会紧张不安。这是由于他一直想保持"考试常胜将军"的荣誉，每次总想考到全班最好的成绩，考试时他会不断地告诫自己说“一定要考好，不然对不起老师和父母”，因而每次大考的时候他就会有很大的压力，十分紧张。

后来，小宝一听说要考试，情绪就会异常焦虑。慢慢地，他逐渐发展到重要考试前夕会面红耳赤、心跳加速、心神不定、焦虑不安。等到考卷发下来，他就会双手颤抖，头脑一片空白，注意力不能集中。因此，小宝的考试成绩直线下降，他很苦恼：“曾经对考试信心百倍的‘常胜将军’哪去了？”

爸爸送给儿子的密语

考试焦虑症是指考生在考试前或考试中出现精神过度紧张、焦虑并导致考试发挥失利的现象，这在中学生中是非常普遍的。

考试焦虑症的表现有很多，比如考生一到考试时就精神过度紧张、焦虑、烦躁、易怒、苦闷，情绪波动大，担心考不好，担心各种考试失利后的不良后果，比如被父母打骂、落榜等，考试过程中思维受阻，大脑一片空白，平时会的题目也不会做了，面红耳赤，注意力分散，拿到考卷后不知所措，呼吸急促，心跳加速，头疼头晕、肚子疼、胃疼等等，严重的还会在考场上晕倒。

出现考试焦虑症的原因主要是考生心理素质差，考试压力过大，过于注重考试结果，担心考不好，平时没有做好考试准备等。过度的考试焦虑不仅对考生的身心健康不利，还会影响考生在考场上的发挥，导致不能考出自己真实的水平。因此，男孩要努力想办法消除考试焦虑症，以下是消除考试焦虑症的一些方法，供有考试焦虑症的男孩参考。

第一，正确对待考试。

对考试持有正确的态度是消除考试焦虑症的重要条件。一次考试的成败并不能决定一个人一生的成败，因此不要把考试结果看得太重，要以一颗平常心对待每一次考试。只要自己认真复习，考场上好好发挥，考出自己的实际水平就可以了。要努力把考试当做自己练兵的机会，当做检验自己实际水平的机会，通过考试帮助自己在学习上查漏补缺，以便更好地调整自己以后的学习安排。

第二，做好充分的知识准备。

"养兵千日，用兵一时"，平日里充分的知识准备是考试成功的关键。因此，男孩要在平日里认认真真地上好每一堂课，扎扎实实地掌握好每一个知识点，细心地解决每一个学习中的难题，让丰富的知识牢固地储备在自己的头脑中。这样，我们才容易在考试中充满信心，不会因不会的题目而乱了阵脚，能够从容答题。另外，也要努力做好考试之前的各种准备，比如考前要吃好、休息好，准备好考试所用的铅笔、橡皮、钢笔等各种所需用品。

第三，不对自己期望过高。

有的考生在考试时会对自己提出很高的要求，比如一定要考到90分以上，一定要考到班级前三名等。这种提出过高要求的做法容易让自己过度紧张，不利于考试发挥。所以，男孩不要对自己太苛刻，只要尽力而为就可以了。不对自己期望过高，压力就小了，反而可能会超常发挥，考取更优异的成绩。生活中我们常常会发现，一些学习不好的同学常能在考场上超常发挥，而一些学习比较好的同学却常考场发挥失利，这是因为学习不好的同学总认为"反正我学习不好，考什么样就是什么样吧"，而学习好的同学却常认为："我一定要考好，不然同学和老师会认为我名不副实。"

第四，学会放松自己。

考试时焦虑是很正常的事情，几乎每个考生都多多少少会有一点这种情绪。心理学研究表明，轻度的焦虑反而有利于考试发挥，过度的考试焦虑却是不利的。为此，有考试焦虑症的男孩要学会放松，考试前不要把学习时间安排得过于紧张，可适当增加一些娱乐等活动，多做一些自己喜欢做的事情，多休息，考试前几天不可熬夜，努力让自己保持轻松愉快的精神状态。在考场上如果出现了过度的焦虑，可运用“转移注意”和“自我暗示”等方法缓解自己的紧张情绪，放松自己。比如，想一想或做一做自己感兴趣的事情，想象高兴和美好的事情，看一看窗外的风景，多做几次深呼吸，等等；还可不断在心里对自己说些积极的话语，如“我准备比较充分了，我一定能够发挥自己最佳的水平”，“我有能力平静地对待这次考试”，等等。这些方法都比较容易使自己平静下来，有助于缓解紧张情绪。

第五，掌握考试技巧。

按一定的考试程序、运用一定的考试技巧也可缓解考试焦虑。比如，考卷发下来要先大致浏览一遍试卷，然后认真写上姓名、学号、准考证号等，最后再从前往后开始答题；答题时先易后难，遇到不会的题目暂时放下，不可浪费过多的时间，会做的题目做完后再解答难题；拿不准的题目标注记号，做完其他题目后再回头仔细思考并解答；做完所有题目后认真检查一遍，等等。这些考试的基本程序和要求，要在平时的小测验和阶段考试中逐渐养成习惯，这样在较大的考试中就能很顺手了。

制订学习计划
是非常关键的一步

男孩青春期问题：

京京在小学的时候，学习起来觉得还比较轻松。那时候，他的学习也没有什么计划，对于应该做什么、什么时候去做没有明确的认识，那时他只要按照老师和父母的指导去做，就会很容易地完成。

但自从进入初中以后，京京一下子面对七八门课程时，他就有点理不清头绪，甚至有些应接不暇了。他每天的学习就像是在打仗，常常是写完了作文，发现英语课文还没有背，复习完了数学发现生物作业还没有写，预习完了历史发现地理习题还没有做。他常常搞不懂是应该先预习数学还是先写语文作业，是应该先复习英语还是先准备生物实验……每天，他的书桌上都堆满了书和本，他不知道该先对付哪一个。这种状况搞得京京心情乱糟糟，脑子也乱糟糟，使他又烦、又累，用他自己的话说，就是“每天的感觉只能用‘难、乱、烦’来形容”。

京京很是犯愁，他担心要是照这样下去，自己的学习成绩和生活不就“一团糟”了？

爸爸送给儿子的密语

“凡事预则立，不预则废”，学生的学习也是如此。如果不事先制订好学习计划，学习过程就会变得盲目，容易分不清事情的主次、先后，导致学习忙乱无序，甚至很多时候会徒劳无功，特别是在要学习的科目繁多的时候，这是影响很多学生学习的一大障碍。

因而，男孩要学会制订可行的学习计划，并严格按照学习计划进行学习，这是保证学习过程有序、高效进行的非常关键的一步。有了可操作的良好的学习计划，可以避免很多不必要的时间浪费，提高时间利用率、提高学习效率。

那么，青春期男孩该如何制订学习计划呢？

第一，制订计划要配合学校的课程安排。

中学生制订学习计划要配合学校的课程安排，比如根据课程表，今天要上数学、语文、历史、地理四门课，第二天要上生物、英语、数学、计算机四门课，那么今天下午可安排复习当天所学的课程，把当天的笔记和知识要点看一遍，晚上可安排先把当天四门课的作业做完，然后预习第二天要学的课程。

第二，制订计划要切合自己的实际。

计划不能制订得过高，不能超出自己的能力和水平，不能脱离自身的实际。制订计划前要先了解自己，比如要了解自己哪些科目较薄弱，哪些科目较强，自己的阅读、复习、写作业的速度有多快，然后在这个基础上制订学习计划。比如，有的男孩制订学习计划时，每天都列出很多内容，如复习当天的课程，完成当天的作业，复习一遍前一天的课程，复习一遍上一章的内容，预习一下第二天的课程，课外阅读1个小时……中学生一天的时间精力是有限的，除去每天上课、吃饭、休息的时间，剩下可以自由支配的时间就很少了，不可能在短时间内完成那么多任务。因而，制订学习计划时要切合自己的实际，要优先把最重要的事情完成。

第三，制订计划要具体。

制订学习计划时，仅仅列出时间和学习科目是远远不够的，最好要具体到某段时间内需完成的具体章节、具体的任务量，如半个小时内要预习完语文第二课，半个小时内写完数学作业等。

第四，计划要有一定的弹性。

学生在学习生活中不可避免会遇到一些意想不到的变化，或临时有其他事情安排，此时可能会使计划执行遇到困难。为保证计划的有效性，制订计划时要留出一些机动时间，以便灵活安排当天的计划执行和计划之外的事情。而且，计划还可根据实际情况进行适当的调整。

第五，严格按照计划做事。

这是最重要的一步。再好的学习计划，如果没有真正去执行，就会变成一张废纸。因此，制订了合理的计划后，一定要认真去执行，当日事当日毕，因特殊情况没有完成的计划在第二天的机动时间里补上。这样，就会让学习计划真正起到指导自己学习的作用。

总之，制订了好的学习计划，并严格地按照它去执行，就会逐渐养成约束自己、有条理地学习的好习惯，提高自己的学习效率和效果。

认真预习——走在学习的前面

男孩青春期问题：

龙龙是个十分乖巧听话也非常自觉的男孩，学习上也很用功，可他的学习成绩在班里总是落在大多数同学的后面，不见起色。班里很多同学平时学习并没有他用功，可他们的学习成绩反而比龙龙要好，想到这些龙龙不免有些懊恼。还有一年多就要中考了，龙龙很为自己的学习成绩着急。

龙龙知道爸爸读书时学习成绩很优异，就决定向他讨教一些学习方法，以提高自己的学习效率和学习成绩。

“爸爸，当年你是怎么学习的？有没有提高学习效率的高招啊？”龙龙虚心地问爸爸。

“提高学习效率啊，我问你，你每次上课前都预习吗？”

“从来没有预习过。”龙龙诚实地回答说。

“看来，这就是你成绩不能提高的一个重要原因了。初中的课程这么多，如果不预习，听课会比较吃力的。提高学习效率的一个重要秘诀，就是课前预习。”

“预习？管用吗？那不是浪费学习时间吗？”龙龙疑惑地问。

“不会的。预习看起来是在学习上多花了时间，可是整体来说却节省了很多学习时间，也提高了学习效率……”爸爸耐心地给龙龙解释着。

爸爸送给儿子的密语

在中学阶段，由于课程增多、难度增加，如果男孩只是依赖老师的讲课而进行学习，容易养成被动学习的习惯，使自己的学习事倍功半。而课前预习的学习方法，则能让自己由被动学习向主动学习转变，促进学习效率和学习能力的提高。

这是因为，课前预习使学生对要学的知识内容有了一定程度的了解和把握，对所学的内容产生了疑问，提出了质疑，这样他听课的时候就会更有针对性，有动力要去解决预习时遇到的问题，使自己能够积极主动地去听课，因而更容易集中精力听课；课前预习可以使学生集中注意力去听自己把握不好、较难的知识内容，而自己在预习时学会了的、较容易的知识则很容易就能听懂，这样可以使听课变得更轻松；经过了课前预习，听课很多时候就成了一个复习的过程，加深巩固了某些知识，这样再次复习和写作业的时候就会节省很多时间，从而提高了学习效率，而且也使得学习效果更好。

可见，课前预习是学习过程中非常重要的一个环节，甚至可以说是一个必要的环节，尤其是对于中学生来说。所以，男孩要掌握预习的方法，并逐渐养成课前预习的好习惯。那么，课前预习具体该怎么做呢？需要注意哪些问题呢？

第一，科学安排预习时间。

既然是课前预习，那就是要在上本节课之前将该节课要讲的内容预习一遍。具体来说，预习时间没必要安排得太早，可以在前一天晚上预习第二天的课程，或者在当天上课之前预习当天上课的内容，比如早上预习上午要讲的内容，上午自习课时预习下午要讲的内容等。

第二，根据内容难易、自己的实际灵活掌握预习方法。

预习时不必平均用力，可以根据课程内容的难易以及自己相应知识水平的高低，灵活掌握预习方法。比如，对于自己很擅长的科目或比较容易的章节，从头到尾阅读一遍就基本差不多了；而对于自己不擅长的科目或者比较难的章节内容，则要仔细地多通读一两遍；再比如，自己的语文水平已很高，语文基本功已很扎实，此时，每天用半个小时的时间来预习语文功课，就不如用这些时间来阅读课外书以开阔视野。

第三，预习时要思考，善于提出问题。

预习不能只是走马观花地读，而是要不断思考，积极回顾与新知识有联系的旧知识，善于发现问题，提出问题，努力发现自己的知识“盲点”。发现了问题，发现了自己的知识盲点，听课的时候就要努力听这些疑问之处和盲点，努力了解前后知识的来龙去脉、逻辑关系，了解新知识的要点、重点和难点。

第四，预习时要动笔。

预习并不只是用眼睛看课本的文字，而是要边阅读、边思考，还要动笔，在书本上勾勾画画，用不同的符号将课本内容的重点、难点、疑点、自己的薄弱点等标注出来。这样，就很容易明白听课时哪些地方需要特别认真地去听，哪些地方不必花过多的精力听。

第五，预习时不必把每一个问题都弄清楚。

预习的目的是对要学的知识有个大致的了解和把握，发现其中的问题，没有必要花费过多的精力和时间将预习过程中遇到的每一个问题都搞清楚，因为这样的话再听老师讲课就没有太大的意义了。所以，在预习过程中，如果发现了一些问题自己一时无法解决，用笔标出来即可，可等到听课的时候去解决。

此外，男孩还要不断对自己的预习过程进行分析和总结，努力发现更好的预习方法，不断提高自己的预习效果。这样，经过一段时间的努力，逐渐养成了课前预习的好习惯，学习就会变得轻松而高效，学习成绩也会得到很大的提高。

及时复习——不能“狗熊掰棒子”

男孩青春期问题：

13岁的昕昕在学习中非常“轻视”课后复习，在上完课后，他常常仗着自己聪明、记性好而拒绝复习。每次老师讲完课后，都要求同学们先把讲过的知识复习一遍再做课堂作业，而昕昕却总对老师的话充耳不闻，刚听完课就拿起笔做课堂作业。

晚上回到家，昕昕爸爸也总嘱咐他先把当天学过的课程复习一遍，然后再写作业、预习第二天的课程。而昕昕总是对爸爸说：“不用复习，复习也是浪费时间。那些知识我上课都听得很明白，也记得很清楚。”然后，昕昕就开始忙于写作业、预习新课，做完了这些他就开开心心地去看一会儿电视。

昕昕最终还是为自己不听老师和爸爸的话而付出了“代价”。段考前昕昕再拿起书本复习的时候，他发现一个月前老师讲过的知识已很陌生，好多知识合上书都回想不起来了。段考复习时间很短，昕昕来不及将所有的知识复习完，结果，他当然是考砸了。

爸爸送给儿子的密语

学过的知识如果不及时复习，就会遗忘。就像狗熊掰棒子，掰一个掉一个，到最后把掰的棒子全丢了。学过的知识如果不复习，就会学了后面的忘了前面的，到头来，脑子里什么知识都没有记住。只有不断地温习前面所学的知识，才能牢固地掌握所学的知识。

因此，不管学习什么科目，在学习了每一部分知识之后，都要及时进行复习。在本书关于克服遗忘的一小节里，我们提到了一些复习的方法，此外，在复习时还要注意以下几个问题：

第一，把握好各阶段的复习。

复习可分为本小节的复习、本单元的复习或本章的复习、本册书的复习。学完每一小节后都要认真复习一遍，这种复习只要将本小节的有关知识点复习好、掌握牢固即可；学完一个单元或者学完一章后再系统地将本单元、本章从头到尾复习一遍，要注意把握各小节的知识之间的内在联系，掌握其前后因果关系等；学完一册书后，再将本册书的内容从头到尾复习一遍，把握好各章或各单元之间的逻辑关系。这样，可以使整册书的知识内容形成一个前后有机联系的知识网络。

第二，复习时尝试回忆或背诵，比只是阅读效果更好。

很多同学认为，所谓复习就是将课文从头到尾一遍一遍地看就可以了，这其实是比较低效的复习方法。只是一次次地用眼看书本，知识点很难在头脑中留下深刻的印象。有效的复习方法是，先将书本合上，根据自己大脑中对于知识的印象尝试进行回忆或背诵，遇到不能回忆或背

寒假来了，小海心想：“终于有时间玩个够了。”每天，爸爸妈妈去上班后，小海就马上打开电脑，忘我地进入了游戏世界，一整天都在网上打杀、通关，不吃不喝，几乎连房间的门都不出。那些天，小海在网上可谓“战果累累”，赢了好几千块钱的装备，他的级别也在不断高升。

等到开学日期一天天临近，小海才想起来寒假作业还没有做。可这时他已经无心于学习，整天只是迷恋网络游戏。他一次次告诫自己玩了这一次就不玩了，可终究还是管不住自己，一次次又找借口原谅了自己迷恋网络游戏的做法。

爸爸送给儿子的密语

男孩沉溺于网络，往往更多的是沉溺于网络游戏中。网络游戏作为一种娱乐方式可以调剂自己的生活，缓解自己的压力，但如果沉溺于网络游戏，那就有百害而无一利了。

网络游戏总能给人带来短暂的快乐，因而很容易吸引有学习压力或其他各种心理烦恼的青春期男孩。男孩一旦沉溺于网络游戏，就容易因缺乏自制力而上瘾，会逃避现实生活，放弃学业，生活不规律，拒绝与父母交流，拒绝参加现实中各种有意义的活动，这必然会给男孩的学业、给他们的身心健康成长带来很多不利的后果。

所以，男孩要提高自己的自我约束能力，不要成为网络游戏的俘虏。如果男孩已经迷恋上了网络游戏，那该怎么办呢？这里有几种方法可供借鉴：

第一，逐渐减少上网时间。

迷恋上网络游戏的男孩常常很难一下子从网络游戏中解脱出来，戒除网络游戏瘾需要一个过程。男孩不妨逐步减少自己玩游戏的时间，比如，如果自己一直每天连续玩游戏四五个小时，现在减少到每天玩三个小时，然后减少为每天两个小时，最后每天一个小时。

第二，学会约束自己的行为。

沉溺于玩网络游戏的男孩，常常会一玩起来就忘乎所以，管不住自己的行为，日久就会越来越迷恋网络游戏。因此，男孩要学会控制自己的行为，可以给自己限定一个时间，在电脑旁边放一个小闹钟，到了时间，无论如何，都要离开网络游戏。或者在自己特别想玩游戏的时候，去做一些其他的事情以转移自己的注意力，不断增强自己约束自己行为的能力。

第三，在现实生活中寻找乐趣和成就感。

很多男孩迷恋网络游戏往往是因为在现实生活中找不到乐趣，现实生活空虚无聊，在现实中缺乏成就感。因此，要解决自己迷恋网络游戏的问题，男孩就要努力在现实生活中发现乐趣，努力培养现实中的各种兴趣，比如体育锻炼、画画、设计机械模型等。

男孩要记住，网络游戏只是一种可有可无的娱乐方式，而不是生活的全部。努力从沉迷网络游戏中走出来，生活就会变得更有意义、更加丰富多彩。

为什么喜欢网上倾诉

男孩青春期问题：

小岭在网上认识了一个网名叫“叶子”的女孩，他们俩几乎每天晚上都要在网上聊上大半天。小岭逐渐对这个叶子有了好感，很喜欢跟她在网上聊天，对她也以诚相待，不仅把自己的快乐告诉她，连自己的各种烦恼也都毫不保留地向这个素未谋面的女孩倾诉。

小岭平时是个不善言谈、内向自卑的男孩，虽然有几个好朋友，但小岭总觉得与他们的心理有距离，很多知心话也不敢跟老师、父母说。于是，小岭就每天把一肚子的心里话都倾诉给了叶子，因为他感觉叶子很温柔善良，她不会像同学、朋友、父母那样总给他各种脸色看。受了数学老师的批评他会告诉她，物理考试不及格会告诉她，自己喜欢上班上的一个女孩会告诉她，爸爸误解并打了他会告诉她，连同自己被同学奚落也会告诉她……

逐渐地，小岭把叶子当做了自己唯一可以倾诉心里话的对象，而在同学、好朋友、父母面前更加封闭、沉默。而叶子也把小岭当成了自己唯一的知心朋友，把自己的烦恼和快乐都向他倾诉。

爸爸送给儿子的密语

对于很多青春期男孩来说，网络聊天是他们进行交流、宣泄、倾诉的一种重要途径。由于网上交流与现实交流的不同，很多男孩会更喜欢网上倾诉，也更擅长在网上与人交流，而在现实中却与人交流不畅，尤其是性格内向自卑的男孩。

网上交流几乎仅以语言为媒介，彼此之间看不到对方的表情、眼色、动作等非语言信息，这些非语言信息不会对双方的交流造成干扰，因而更容易让双方敞开心扉。青春期男孩的思想和情感十分丰富，他们渴望被理解，渴望有知心朋友分担自己的烦恼、分享自己的快乐。但是在现实中，他们总觉得父母、老师不能理解自己，与同学和朋友也难以交流，因而很多男孩就转向了网络聊天。

网络聊天更容易让人表达真实的自己，但网络聊天也有弊端。网上交流的双方因为看不到对方，就更容易把对方美化，仅从自己的喜好和对方的语言去判断对方是个什么样的人，尤其是与陌生人之间聊天时。而一个人说出的话常常会和实际生活中的他（她）有很大的反差，在网上，一个成年人会扮演青少年，一个男人会扮演女人，一个女人会扮演男人，一个无赖会扮演好人，一个道德败坏的人会扮演圣人……这也是网络聊天有很多骗局的原因。对于人生观、价值观都还没有定型，缺乏社会经验的青春期男孩来说，这时对方的判断会更容易出现失误。

因此，对于青春期男孩来说，网上倾诉并不是最好的倾诉方式。喜欢网上倾诉的男孩需要注意以下几个问题：

第一，与陌生人聊天一定要慎重。

严格说来，青春期男孩与陌生人聊天有很多不安全因素。因自己不了解对方的真实情况，很容易受骗。因为很多经常待在网络聊天室的人常常是在实际生活中感觉无聊、无所事事、生活态度很消极的人，甚至是生活中的无赖，这些人很容易影响青春期男孩人生观、价值观的形成。因而，男孩不要把网上倾诉当成自己与人交流的主要方式，即使想通过网络与人交流，也尽量要与现实中熟悉的人在网上交流。

第二，多在现实中与人交流。

在现实中与人交流和沟通才应该是我们与人交流、向人倾诉的主渠道，这才是人与人之间最重要的交流方式。因此，男孩要努力在现实中多与人交流，要信任父母、老师和同学，把对方当成知心朋友，把自己的心里话真诚地向他们表达出来。随着男孩与父母或朋友交流逐渐深入，双方会加深了解，双方的交流也会更加顺畅，彼此可以成为倾心交谈的知心朋友。

第三，不断学习与人交流的方法和技巧。

在现实中若要与人顺畅、和谐地交流，必须要具备一定的方法和技巧。因此，男孩要努力学习一些与人交流交往的方法和技巧，学习如何使自己更受别人欢迎，学习如何运用表情、动作等非语言形式与人交流，学习怎样说话别人才更乐意接受等。

男孩如果在现实生活中找到与人交流的乐趣，就不会再依赖网上倾诉，这样可以让自己拥有更多真实可靠的友谊，也能让自己的生活更加丰富多彩。

在自己心中建起"绿坝"

男孩青春期问题：

小庆的爸爸给他买来一台电脑，这台电脑在买来之前就预装了"绿坝-花季护航"软件。小庆当时还不知道"绿坝"是干什么用的，爸爸只告诉他那是过滤各种不健康网站的。

小庆以为，这样自己的电脑就安全了，他也不希望被那些乱七八糟的非法、暴力、色情网站信息所骚扰，毕竟自己还是未成年人，主要任务是学习。当时买电脑时，小庆就是想利用电脑来学习知识，查一些学习资料等。

可是小庆使用这台电脑时觉得很不爽快，因为安装了"绿坝"就不能玩网络游戏了，虽然他没有玩过，但听同学说网络游戏都很好玩。而且，有一次妈妈还通过电脑截屏发现了他写给同班女同学的一封"语言很暧昧的"邮件，这让他受到妈妈长时间的"思想政治教育"，小庆觉得自己的尊严被侵犯了。

后来，小庆知道这些都是“绿坝”的“功劳”之后，就对这个软件“恨之入骨”，趁父母不注意想尽办法把它卸载了。然而这带来了另一个问题，那次被妈妈误解后，小庆接连好多天心里都不痛快，他与妈妈疏远了，将自己的情感和注意力都转向了网络。就在这段时间里，小庆也成了一个喜欢玩网络游戏、网恋的“网虫”，对学习也懈怠了……

爸爸送给儿子的密语

由于网络中的不良信息曾让很多青少年出现了各种形式的心理和行为问题，为了保护未成年人的健康成长，2009年，国家工业和信息化部曾经下发通知，要求我国销售的所有个人电脑出厂时都要预装绿色上网过滤软件“绿坝–花季护航”（简称“绿坝”）。后来，根据实际情况，工信部最终确定不强制用户安装“绿坝”软件。

该软件可以拦截色情内容，过滤不良网站，控制上网时间，禁止特定程序比如游戏的运行等，还可以定期对网页截一次屏，软件使用者打开后就可以知道其他使用者登录过哪些网站。这样可以方便管理者（父母或老师）监视使用者（青少年）上网的操作，避免他们接触不健康网站。工信部表示，个人电脑预装“绿坝”的主要目的是“创造一个绿色、健康、和谐的互联网环境，防止互联网上的有害信息影响和毒害青少年”。

但是，电脑安装“绿坝”之后也会带来其他一些问题，比如侵犯青少年（当然也包括成人）的言论自由权和隐私权，比如青少年把自己不想对父母说却想对老师或同学说的话用邮件发给对方，由于有了“绿坝”的截屏功能，就容易让青少年无法自由表达或暴露隐私。另外，在定义不良信息内容上，容易将有价值的信息也过滤掉，比如“绿坝”可能会因一张人体艺术图片而将整个网址自动加入黑名单，这就难免使一些有用的网站也被屏蔽。

事实上，“绿坝”软件并不能从根本上将男孩挡在网络之外，反而可能会因为它的安装触犯了男孩的某些自由，而导致他们出现逆反心理和行为。现实中，并不是所有上网的青少年都容易受网络不良信息的诱惑，比如中央电视台某一期《心理访谈》栏目播放的有关青少年网瘾的内容中，有一个男孩也非常喜欢上网，但他并没有沉溺于网络游戏、网恋、色情网站等不良网站信息中，而是让电脑成了他学习的有力工具。这主要是因为他自觉性很强，自己的现实学习生活丰富多彩，有价值的兴趣爱好较多，对学习也很认真、很投入，从不浏览那些色情网站等不良信息。

所以，要使自己不被网络尤其是不良网站信息所控制，男孩关键还是要努力在父母、老师的帮助下，在自己心中建立起“绿坝”。对现实生活中的健康兴趣、活动，以及对学习的认真和投入，还有努力抵制不良信息的自觉性、主动性就是自己心中的“绿坝”，这才是避免自己受不良网站侵害的关键。

遭遇网恋该怎么办

男孩青春期问题：

月月是伟伟在网上认识的一个女孩，她与伟伟一样都是初三学生。因此他们俩有很多共同语言，两人几乎每天都要在网上聊天或者发邮件。不久，两人就成了无话不谈的好朋友。

后来，伟伟觉得自己有点爱上这个月月了，月月一天不上线，伟伟就觉得心里空落落的，做什么事情都没有精神，会积攒一肚子的心里话要对她说。虽然与月月从未见过面，但伟伟从视频上看得出她长得很漂亮，通过与她的不断交谈，伟伟也感觉她是一个可爱、善解人意的好女孩。伟伟把自己的这些想法都告诉了月月，两人相约每天晚上在网上“不见不散”。

这一天，伟伟大胆地给月月发了一封E-mail，在这封邮件中他勇敢地向月月作了爱的表白。伟伟登录QQ后，发现月月在线，一会儿，伟伟就收到了月月的留言：“伟伟，我也深深地爱上了你，其实我一直都想跟你说这句话了。”伟伟看到视频中的月月有些激动，他马上又说：“我们找个时间见见面吧，我太想见你了。”

爸爸送给儿子的密语

网络拉近了人与人之间的距离，网恋也成了一个具有巨大诱惑力的磁场，它就像一个温柔的陷阱，很容易吸引对未来抱有幻想、过分追求浪漫爱情的青少年。这也使得一些青春期男孩很容易被网上某些人的甜言蜜语所迷惑，从而跌入网恋的陷阱中不能自拔。

青少年容易陷入网恋的原因主要有以下几个方面：青少年思想单纯，对未来抱有美好的幻想，难以识别网络上的谎言，容易被网上“爱情高手”的甜言蜜语所迷惑；因学习任务重，生活单调乏味，学习压力大，通过网恋来缓解压力，得到情感寄托；青少年性意识和性心理获得了很大的发展，他们渴望爱情，而网恋给他们提供了这种机会。

网恋是虚拟的，与现实生活有极大的差距。心理学家经长期调查分析指出：青少年的网恋多数是失败的，大都没有实质性的结果，这主要是因为青少年对网络交往都抱有很高的幻想与期望。男孩在心智还不够成熟的情况下沉迷于虚拟的网恋中，会有很大的危害，一方面会对自己当前的生活产生不利影响，荒废学业，降低自己对很多事情的兴趣，影响自己其他各方面能力和素质的发展，甚至出现受骗、受害等事件；另一方面可能会葬送自己将来的幸福生活，网恋容易使人对爱情、对婚姻的看法产生扭曲，这对自己以后的恋爱婚姻生活都会产生长远的影响。

因此，男孩要尽量避免陷入网恋，如果已经陷入了网恋，就要想办法走出来。

第一，要认识到网恋的各种弊端，拒绝网恋。

对处于青春期的男孩，网恋有弊无利，虽然它可能会很美好，却常常是“美丽的罂粟花”。因而，男孩要充分认识到网恋的各种弊端，不被网上陌生人的甜言蜜语所迷惑，拒绝网恋。

第二，正确认识爱情。

爱情是个复杂的问题，不仅仅是和对方能够互相“分担苦恼，分享快乐”，还需要彼此的生活方式、性格、脾气、优缺点、价值观、理想和追求等各方面的互相融合和彼此接纳，还意味着责任和义务。而青少年的网恋却往往只局限于互相“分担苦恼，分享快乐”的粗浅层面，与真正的爱情还有很大的差距，因而一旦投入了感情往往会受到很大的伤害。

第三，在现实中寻找情感寄托。

现实中的很多人都可以成为我们情感的依靠对象，比如父母、老师、亲人、好朋友。只是青春期男孩习惯于将自己包藏于厚厚的铠甲中，才让自己成为孤独寂寞、缺乏情感寄托的人。因而，男孩要善于在现实生活中寻找情感寄托，多向父母、老师、信得过的好朋友说说自己的快乐和烦恼，这样就不至于让自己因情感空虚而去网络中寻找爱情的寄托。

第四，让自己的生活丰富多彩。

生活单调、没有什么追求且又没有情感寄托的人更容易陷入网恋。因而，男孩要努力使自己的现实生活变得丰富多彩，比如培养自己几项课余爱好，多参加一些有意义的活动，努力去做自己喜欢做的各种事情。这样，在现实生活中有很多有趣的事情吸引自己，就不容易陷入网恋难以自拔了。

对网恋多一分清醒，少一分沉醉，这样才能把握好自己当前的生活，为自己创造美好的未来。

一定要警惕网络骗局

男孩青春期问题：

小新正在玩QQ游戏，突然电脑屏幕下方出现了一个闪亮的小窗口，小新发现是“腾讯公司系统消息”，内容是说他的QQ号码已中奖，奖品是一台照相机和5000元现金，要求他点击这个小窗口去领奖。

小新很兴奋，他想：“天上的馅饼掉到我头上了，好事啊！”他急忙打开了那个网站，他们要求中奖者先要填写一份详细的个人资料才可以领奖。小新想都没想就开始填起来，刚填上自己的姓名和年龄，他发现还要填写身份证号，再往下看，对方还要求先给他们汇去300元税费和手续费才能得到奖金和奖品。可是小新只有14岁，还没有身份证，而且他也没有这么多钱，该怎么办呢？

“能不能填写爸爸的有关资料，让他出钱去领奖呢？”小新想。他跑到了客厅里把爸爸叫来：“爸爸，你快来看，我的QQ号中奖了，奖品是一台相机和5000块钱呢！你看能不能填写你的资料去领奖啊？”

爸爸过来看了看那个网页，马上说：“骗人的，别信这一套。”“真的吗？怎么会是这样呢？”小新一下子泄气了。

爸爸送给儿子的密语

现实生活中，各种骗局不断出现，网络骗局就是其中的一种。一些道德素质低下的不法分子在追求利益的驱动下，利用人们贪图便宜、从众等心理，通过网络制造出各种骗局，吸引一些无知的人上钩，以便自己从中获利。

网络骗局主要是以一些吸引人的条件，如网络赚钱、中奖、超低价物品等作为诱饵，非法取得网民的个人信息，骗取网民的预付款以及误导网民产生不必要的经济损失。网络骗局的形式多种多样，诸如：用给网民某种好处做诱饵骗取网民的重要资料，比如身份证号、电话号码、银行账号，用骗来的身份证号造假证、办手机号，利用电话进行诈骗或盗号，利用银行账号骗钱等；对所售物品进行虚假宣传，诱导消费者花高价购买一些不必要的或劣质的商品；网络传销，提供虚假信息或虚假服务以骗取钱财等。

特别是对于青春期男孩来说，年龄较小，容易冲动和轻信，经不起诱惑，很容易陷入网络骗局，从而使自己和家人遭到经济或其他损失。因此，男孩一定要警惕各种各样的网络骗局，以免上当受骗。具体来说，需要注意以下几点：

第一，不要把自己和家里人的真实信息告诉网上的陌生人，比如电话号码、银行账号、父母的姓名和单位名称，家里的财产、住址等有关情况，这些都容易被不法分子利用，进行诈骗。

第二，不轻易见网友。如果在网上交流了一段时间的网友要求见面，自己先要清楚地知道对方的基本信息，如对方的姓名、对方的公司名称和电话等，通过查询确认无误后再见面，要尽量约定在安全的时间和地点，比如白天、自己熟悉的地方见面，见面时最好有成人或熟悉的同学陪伴。

第三，不轻易相信对方让自己帮忙的事情，不要将自己的钱借给网络上的陌生人。对有人提到与自己有关的人出事需要自己汇钱帮忙解决问题之事时要警惕，比如网上有人称自己的好朋友或家人出车祸住院，需要自己给他汇住院费，这常常都是骗局。

第四，不轻易相信对方的许诺以及提供的各种好处，不轻易相信“官方网站”公布的中奖消息，这也是一个陷阱，官方任何活动，不会以消息形式通知网民，活动奖品不会让网民支付任何费用。

第五，不要点击不明网址，有人可能会通过这些网址将木马植入自己的电脑中，以盗取自己的相关账号和密码。

其实很多时候，网络骗局并不高明，只要自己保持清醒的头脑，就很容易看出其中的破绽。男孩关键是要记住：天上不会掉馅饼，天下没有免费的午餐。

第8章

不乱花钱：每一分钱都来之不易，要珍惜父母的劳动

虽然青春期男孩都还是纯消费者，在经济上还不能独立，但消费和理财是他们生活中的一项重要内容。因此，学习如何合理地消费，如何理财也应成为青春期男孩的一门必修课。父母的收入是青春期男孩的重要经济来源，男孩要懂得珍惜父母的血汗钱，珍惜父母的劳动，让每一分钱都花得有价值，这不仅是具有较高财商的表现，也体现出对父母的尊重和孝顺。

儿子，每一分钱都值得珍惜

男孩青春期问题：

这个春节，14岁的涛涛从爷爷奶奶、叔叔阿姨、外公外婆、舅舅以及父母单位的一些同事那里共收到了2000多元的压岁钱。民主的父母让涛涛自己支配这些钱，涛涛很是高兴，春节刚过，他就开始筹划这些压岁钱该怎么花。

一天下午，涛涛背着父母给好几个同学打了很久的电话。晚上6点半的时候，涛涛跟父母说他要到同学家去玩。到了同学家，4个同学都已经在等他了。原来，涛涛在电话中答应他们用自己的压岁钱请他们去吃饭、洗桑拿。他们一行共5个人，先是在麦当劳吃了饭，8点钟一起打的去洗桑拿，几个人又是洗头又是搓背又是洗脚，打打闹闹很是快乐。洗完桑拿，涛涛发现时间还早，就带领同学又去了歌厅唱卡拉OK，直到半夜11点才回到家。

涛涛说，他与其他4位同学关系很“铁”，他们平时经常请他打游戏、看电影、吃火锅。这次涛涛为了“报答”他们，就请他们吃饭、洗桑拿、唱卡拉OK去了。就这样，涛涛2000多元的压岁钱一晚上就几乎全部花光了。

爸爸送给儿子的密语

当前，青少年中摆阔气之风盛行，超前消费、高档消费在一些男孩中愈演愈烈。吃要吃最好的，穿要穿名牌的，用要用高档的，玩要玩最时髦的……他们不懂得珍惜父母的血汗钱，对于手中的钱想怎么花就怎么花，想要什么就买什么。

男孩不珍惜钱的现象主要与以下不良心理和观念有关：没有存钱、理财的良好意识；自我约束能力差，钱一到手就想去换成想要的各种用品、衣物等；缺乏理财计划，不知道哪些东西是必须要买的，哪些东西是可有可无的；攀比心理严重，别人有的东西自己也要拥有；不懂得钱的来之不易，不懂得父母挣钱的辛苦，因而不懂得珍惜。

珍惜每一分钱是正确的金钱观的重要内容，虽然一分钱并不能换来什么，但十元、百元、千元、万元都是由一分钱一分钱积累而成的，每一分钱都是有价值的。

何东是香港的一位亿万富翁，一分钱对于他来说可谓牛之一毛，但他却对每一分钱都非常珍惜，从不浪费。有一次，他下车时不慎将口袋里的一分钱掉在了地上，那分钱从地上滚进了旁边的草丛里。何东便停下脚步蹲下身来仔细在草丛中寻找，找了半天也找不到。他并没有放弃，第二次经过那里时继续寻找。一位服务员实在看不下去了，就偷偷往草丛中扔了一分硬币，何东找到了它高兴地捡了起来。

有人问何东，为什么他那么富有却如此在意一分钱，何东回答说："钱都应该有所值，而不应该浪费，对于金钱的意义，一分与一万或者一百万应该同等重要。"在常人眼里，富翁如此"吝啬"钱，是很"不正常"的。事实上，很多富人对应花的钱从不小气，他们捐给慈善事业的金钱都是一掷千金，他们这种"小钱吝啬，大钱慷慨"的做法，其实是一种成熟而理性的金钱观的具体表现，他们认为，每一分钱都应该物有所值，都值得珍惜，都应该花在适当的地方。

因此，男孩要懂得珍惜每一分钱，要形成这样一种观念：每一分钱都很重要，都不能轻视和浪费。只有这样，才能培养出正确的金钱观。

把零花钱存起来比乱花掉更有意义

男孩青春期问题：

小鹏在一所寄宿学校读初中，每个周末回家一次。在交了所有的住宿费、书费、学杂费之后，父母每周还要给他50元零花钱，作为购买学习用品、生活用品等的费用。小鹏在小学时基本没有零花钱，因为所有的学习和生活用品父母都给他准备好了，包括在校的午餐费也都是父母提前交的。现在有了零花钱，小鹏突然觉得自己很“富有”。

可是这50元零花钱小鹏每次都花得精光，在买了必需的练习本、钢笔水之类的学习用品之后，小鹏就会想着办法把剩余的钱都花掉。比如买明星贴纸、买好玩的小饰品、买零食、请同学吃冰激凌等。

爸爸知道这件事后，把儿子叫到身边，问他：“小鹏，你是不是每周把50块钱全都花了啊？”

“是啊，你们给我钱不就是让我花的吗？”小鹏说。

“给你钱，是让你花的，但这些钱你是不是都花在必要的地方了呢？把一些不必要花的钱省下来存起来，说不定你以后有更需要钱的地方呢？这样不是更好吗？”爸爸说。

“这怎么省、怎么存啊？”小鹏迷惑地问道。

“来，爸爸告诉你怎么更好地支配这些钱……”

爸爸送给儿子的密语

很多青春期男孩都有了一定数目的可以自己支配的零花钱，这其实是一个很好的锻炼自己的机会。一般来说，青春期孩子的自我控制能力还不强，因而很多男孩就常常会把口袋里的零花钱胡乱花掉。事实上，把零花钱存起来比胡乱花掉更有意义。

把零花钱存起来而不是胡乱花掉对于青春期男孩来说有很多好处，可以在很多方面让自己得到锻炼。比如，通过制订合理的消费计划，明确哪些钱该花、哪些钱不该花，可以培养自己的理财能力和安排自己生活的能力；通过控制自己的某些欲望，不去乱花钱买自己想要的东西，可以培养自己的自我控制能力；利用存起来的钱参加更有意义的活动，比如慈善捐款、参加夏令营活动等，可以优化自己的个性、增强自主性等。

比利时青少年如何处理零花钱的做法可以给男孩一些借鉴。

比利时的青少年每月都可从父母那里得到不同数目可以自由支配的零花钱。一般来说，他们从10岁开始就每月可得到零花钱了。10～12岁的孩子每月从父母那里得到的零花钱相对少些，平均为14.8欧元；13～14岁的孩子平均每月为25.8欧元；到了15～16岁，平均每月为36.5欧元；17～18岁的孩子已经接近成年，在零花钱上的待遇就强多了，每月平均可从父母那里得到56.3欧元。

比利时孩子如何支配这些零花钱，父母一般都不过问，由孩子自由决定。而这些孩子并非只懂消费，很多孩子都懂得理财之道。例如，这个年龄段中80%的孩子有自己的银行储蓄账户，1/3的孩子会将自己零花钱的半数存到银行里，以留待支付比较大的、自己想要的东西，比如购买自己喜欢的游戏盘、CD盘或摩托车等。鉴于手头财力有限，很多孩子平时花钱时都很懂得自我限制，从不乱花钱，否则就得不到自己更想要的东西。

因而，男孩要学习一下比利时青少年的做法，不要把零花钱乱花掉，而是认真地计划好自己的日常开销，可到银行开一个自己的账户，在支付了必要的日常费用后，把剩余的零花钱存起来。

要花钱，自己挣

男孩青春期问题：

正值暑假期间，在一个小广场上，有两个学生模样，十五六岁的男孩手拿一簇充气玩具热情地向过往的小孩子和父母们兜售。

这两个孩子都是某中学的学生，其中一个叫小生。小生是在父亲的建议下来做这种小买卖的。前两天，爸爸让儿子去批发些报纸、小饰品之类的东西去卖，一来是让他体验一下挣钱的辛苦，二来是让他得到一些锻炼，三来是可以让他得到一些属于自己的零花钱。

刚开始小生自己批发了些报纸来卖，他觉得很不好意思，总张不开嘴要求别人买报纸。爸爸每天让他去“上班”，他总是很不情愿，他怕同学看到他在做生意，这会让他觉得没面子。后来他拉来同学小毅来和他做伴，这样小生的胆子就大一些了。

之后，小生和小毅就经常一起到批发市场批发一些小商品来卖。刚开始他们一天卖不了多少钱，很多时候还会赔本。随着两人胆量和经验

的增加，他们的生意越来越好，少则一天赚一二十元，多时每人每天能挣到100元左右。

通过这个暑假的锻炼，小生体会到了父母挣钱的艰辛，想到自己过去那么胡乱花钱真是愧对父母。

“挣钱真是不容易啊！”小生捏着自己辛苦挣来的钱感慨地说。

爸爸送给儿子的密语

青春期男孩有了一定的劳动能力，社会经验和做人处事的能力也有了很大的提高。因而男孩可以通过自己的劳动来获得一部分收入，这不仅可以锻炼自己的处事能力、交际能力等，还能培养自己的理财能力，提高自己的财商。西方国家的中学生有一句口号“要花钱，自己挣”，男孩不妨学习一下他们的经验。

中学男孩可以挣钱的途径有很多，比如可以把家里的废旧物品、自己不用的东西，或者在外捡拾的废品卖给废品收购站，可以贩卖一些小商品之类的东西，如果自己有特别突出的特长也可以充分利用，比如给人画画、写字、写作投稿或教人弹琴等获取一定的报酬，可以到一些小饭店、建筑工地等地方打短工，可以在学校里寻找一些勤工助学的岗位等。

不过，中学男孩要挣钱需要注意以下一些问题：

第一，挣钱的同时千万不要忽略了学业。

无论如何，中学男孩不能把挣钱当做自己的主要任务，此时的主要任务还是学习。因而，男孩千万别丢了西瓜捡芝麻，本末倒置，为了挣钱而忽略了学业，这是最不可取的。打工挣钱只能是在自己学有余力的情况下进行，否则就会得不偿失。

第二，以积累经验为主。

因为缺乏经验，青春期男孩刚开始挣钱可能会很不如意，此时男孩要做好失败的准备，不要为没有挣到钱而耿耿于怀。在这个过程中，体验挣钱的各种感觉，培养自己的商业头脑，培养自己处理问题、管理自己的能力更重要，这些宝贵的经验是自己未来的财富。

第三，谨防受骗，以诚实劳动获得收入。

在外打工挣钱的过程中可能会受到一些具有不良品质的人，比如奸商、缺乏诚信的人的影响。男孩要时刻提高警惕，遇事多动动脑筋思考，多向父母等成人请教，谨防受骗。同时，还要不被这些人所影响，坚持以诚实劳动获得收入，避免形成错误的价值观。

“要花钱，自己挣”，这是锻炼自己的一个途径，更是培养自己理财能力的一个方法。男孩不妨努力争取一些这样的机会，真实地去体验。

你也可以当当家庭的“小管家”

男孩青春期问题：

暑假开始了，嘉嘉父母每天都要上班，嘉嘉就每天一个人待在家里，写作业、看电视或者和同学出去疯玩。

有一天，爸爸和妈妈商量，要让15岁的儿子当一个月的“家庭小管家”，因为平时儿子花钱大手大脚，爸爸想让他体验一下当家的辛苦。

于是，爸爸把嘉嘉叫来，递给他1500元钱，告诉他这是全家人一个月的日常生活费用，让他负责打理，并要求他将每一笔花费都做一个记录。爸爸还提出，如果这些钱有结余就奖励给他，如果不足就从他自己的零花钱里补贴。

嘉嘉很爽快地就答应了，对他来说，当家就意味着“权力”，有“权力”当然好啊！于是，嘉嘉每次去超市就是鱼啊、肉啊、零食啊……把自己想要的东西买回来一大堆。不几天，那些钱就少了近三分之一，嘉嘉看着剩余的钱犯傻了：剩下的钱能过得了这个月吗？我可不想自己倒贴钱。接下来好多天，家里就天天吃青菜、米饭，惹得爸爸妈妈抱怨不断，一些冷饮、零食之类的东西嘉嘉也不买了。

最后，这1500元钱终于让一家三口度过了“艰难的”一个月。嘉嘉灰心地对爸爸说：“我再也不当家了，当家太难了。”

爸爸送给儿子的密语

“不当家不知柴米贵”，很多不能体验当家辛苦的孩子常常会花钱大手大脚、不加节制。根据理财专家的建议：男孩要防止自己乱花钱，最好的办法就是学会正确地管钱，而体验“当家”的感觉就是一个很好的办法。

男孩花钱大手大脚不是天生的，与家庭的影响、父母的教育教养方式、自己的控制能力等都有很大的关系。父母在家掌管财政大权，孩子不能体验当家的辛苦，就容易只顾满足自己的需要，不考虑其他家人的需要和家庭的现实，因而总对父母提出一些不合理的要求，不能容忍自己欲望的不满足，于是就慢慢养成了花钱大手大脚的习惯。

让男孩自己试着当当家，学习安排和决定家里的各种支出，通过做消费计划和记账，可以体会到当家的苦与乐，可以培养自己的理财能力。男孩不妨征求一下父母的意见，在他们的帮助下，体验一下当家的感觉，学习一下理财的技能。

在做这件事时，男孩需注意以下几个问题：

第一，要循序渐进。

时间可由短到长、程序由简单到复杂，比如最初可只负责全家人两天时间的吃饭问题，之后可负责管理全家人一周、一个月的吃饭等日常生活消费，直至安排管理家里所有的消费项目。

第二，要事先做好消费计划。

在决定支出时，一定要事先做好消费计划，思考一下哪些消费是必需的，哪些消费是可以延缓的，哪些消费是没有必要的……养成有计划地消费的好习惯。

第三，养成记账的习惯。

每天的花费最好能够记录下来，以便于自己进行阶段分析和总结，比如通过账本可分析一下这段时间有没有不必要的支出，有没有“多花了钱少办了事”的问题，这样就能够总结出一些理财经验，作出更好的消费计划。

“当家”是每个人在人生中都必然要经历的，青春期男孩尽早地体验一下“当家”对自己是非常有好处的。男孩不妨努力把握这样的机会，以让自己更快地成长。

孩子到底该不该拥有手机

男孩青春期问题：

然然在小学六年级时就一直嚷嚷着要妈妈给他买手机，当时妈妈答应他，如果他能考上重点初中就给他买。

上了初中，然然又天天唠叨妈妈给他买一部手机。而妈妈觉得初中生有手机基本没有什么用，还影响学习，就总是拒绝他。然然却总摆出要买手机的种种理由：一是有了手机和父母联系就方便多了，和同学老师联系也方便了，这样可以省去很多麻烦事，可以更好地与人交流；二是同学都有手机，自己没有会让人瞧不起；三是手机花不了多少钱，且可以下载英语等资料进行学习。

经不住然然的苦苦纠缠，妈妈最终给他买了一部手机。但自从有了手机，然然就不停地给同学发短信，有事没事给同学打个电话，有时候，还用手机玩游戏，不论学习还是吃饭都在不停地摆弄手机，连要睡觉躺在被窝里时还在玩手机，他几乎全部心思都放在了手机上，都无心学习了。

爸爸送给儿子的密语

手机作为一种现代通信工具，已被人们广泛应用。青少年学生中拥有手机的也越来越多，尤其是男孩，他们更喜欢拥有一部属于自己的手机。那么，作为以学习为当前主要任务的青春期男孩使用手机好不好？青春期男孩到底该不该拥有手机呢？

不可否认，手机会给人带来很多便利和好处，比如与同学、父母联系方便等。但对于处在青春期的男孩而言，拥有手机弊大于利。具体原因有以下几个方面：

第一，影响学习和生活秩序。

青春期男孩自制力还比较弱，有了手机常常就会不加控制地去玩手机，因为对于很多男孩来说，手机毕竟比单调的课程有趣得多。因此，男孩有手机容易使自己在学习上分心，易将更多的精力放在手机上。另外，课堂上频频响起的手机铃声也会干扰正常的教学秩序和师生情绪，影响学生的正常学习，甚至有的男孩还用手机发短信进行考试作弊。因此，青春期男孩最好不要拥有手机。

第二，伤害身体。

英国《泰晤士报》有文章指出：儿童使用手机吸收的电磁辐射量比成人多50%。这是因为孩子的耳及头骨较薄、较细，对辐射的吸收率也较大。手机辐射会损害人的脑神经，引起头痛、记忆力下降和睡眠失调。长时间使用手机还会引发近视眼，会对手指健康有危害。

第三，浪费钱财。

手机在中学校园里流行，会助长同学之间的攀比之风。追求手机的牌子、款式，争相购买更好的手机，近在咫尺却随意发短信、打电话，这都给父母带来极大的经济负担。据一位家长讲，他儿子的手机话费每个月高达几百元。

因而，青春期男孩要放弃虚荣和攀比心理，将主要精力放在学习上，而不是放在拥有更好、更高级的手机和玩手机上。

如何应对同学之间的相互请客

男孩青春期问题：

在同同所在的校园里，同学之间互相请客之风盛行。请客的名目五花八门，考了班级前几名要请客，成绩有了进步要请客，过生日要请客，自己的父母升迁了要请客，找了女朋友要请客，接受了帮助要请客……

同同所在的班里就隔三差五地有人要请客，同同也好多次被同学怂恿着请客。“同同，你这次考试进入了前十名，记得要请客啊！”“同同，你被评为班级‘最乐于助人奖’，请我们去吃饭吧！”“同同，有个女孩喜欢上你了，请我吃一支冰激凌吧！”……

同同的父母都是普通工人，家境并不富裕，对于同学的各种请客要求，他简直不知道该怎样应付。虽然同学每次要求他请客的花费并不多，不是吃一顿刀削面，就是吃一支冰激凌，不是请吃爆米花就是请吃瓜子，但一次次的花费加起来就让一向舍不得花钱的同同招架不住了。拒绝人家吧，面子上过不去，不拒绝吧，长此下去对自己的家庭是个不小的负担。

而且，同同也常会受到各种请客的邀请，这个同学让他帮忙写作业请他吃饭，那个同学请他考试时帮忙要请客。同同真不想在这方面浪费太多的时间和精力，这种现状让他真是犯愁。

爸爸送给儿子的密语

成人之间遇有红白喜事，请客以示情意，这无可厚非。但当今，在很多青春期学生中也不断刮起这种请客之风，孩子们模仿起了成人们的行为。

中学生请客，表现形式多种多样，其原因也是多方面的，比如环境影响；或学生攀比心理的影响；或盲目在同学中摆阔气；或以请客为由联络同学感情；或喜欢表现自己，等等。严格说来，中学生兴起请客之风对孩子成长是很不利的，这会在涉世未深的青少年中造成各种不良影响，会给一些孩子及家庭带来较重的经济负担，影响同学之间的关系，玷污纯洁的同学之间的情谊，还会影响学生的身心健康发展。

那么，青春期男孩该如何对待同学之间的相互请客呢？

第一，学会说“不”。

同学间很多请客是没有必要的，不仅浪费钱财，还会浪费彼此的时间、精力。男孩对此要坚持原则，该拒绝的时候就要勇敢地拒绝，不要总迫于同学感情而违心地接受。要知道，同学之间感情的深浅不是靠请客来衡量的。

第二，倡导文明节俭。

在同学中间倡导文明交往、生活节俭、抵制浪费，不要碍于面子而与同学盲目攀比，因为这样做对人对己都是有害的。虽然现在我们的物质生活都有了很大的进步，但勤俭节约的美德永远都不能丢，这是青少年人生观、价值观的重要组成部分。

第三，让“请客”有意义。

同学之间讲究礼尚往来这没有错，但不要把这种礼尚往来注入太多物质的成分。对于还在成长中的男孩，用精神的方式“请客”会更有意义，比如，同学过生日时可以送给对方一张自制的卡片，上面写上真诚的祝福语，或者一起搞个小小的娱乐活动等。

总之，同学之间的相处、人情往来也要以文明节俭、有利于团结和谐为前提，否则将会得不偿失，甚至损害了同学之间的感情。

同学生日的礼物不宜太贵重

男孩青春期问题：

小潘去年过生日的时候，一个家境富裕的哥们儿给了他价值1000多元的生日礼物，而且好几个同学都送给他比较贵重的礼物。当时，小潘又欢喜又担忧，欢喜的是家境不富裕的他一下子拥有了这么多自己想要的东西，担忧的是当送自己礼物的这些同学过生日的时候，不知道自己该怎么办，因为那对他会是一大笔开销。

最近，班长小贾马上就要过生日了，他生日前几天就有同学开始送他礼物，有的是一双耐克鞋，有的是一部手机，有的是一套游戏光碟，有的是请他去看了一场电影……这些礼物在小潘看来都价格不菲，似乎每个同学都在努力用更好的礼物来讨班长的欢心。因此，小潘觉得，平时班长待自己不薄，礼物自然不能太轻了，否则礼物拿不出手就太让自己没有面子，太不“尊重”班长了。

但是小潘没有那么多钱，他又不好意思跟自己的父母要钱给班长买礼物，这真让他犯愁。

爸爸送给儿子的密语

社会经济的发展和人民生活水平的提高影响着人们生活的方方面面，连同青少年之间互相送生日礼物也深受这种大背景的“熏染”，从过去一句简单的“生日快乐”口头祝福，逐渐发展到今天的贺卡、请吃喝以及赠送越来越高级的生日礼物，青少年浪费、攀比等不良现象在所送生日礼物中也可见一斑。

事实上，不只是送生日礼物，在圣诞节、元旦、春节、万圣节、情人节、愚人节等，很多青少年几乎逢节必送朋友礼物，所送礼物五花八门，比如手机链、手表、八音盒、打火机、游戏点卡、Q币、手机、衣服、光碟、玩具等，而且送起礼物来，出手很大方，动不动就是好几十元，甚至几百元上千元，一年下来，光送礼物的费用就是一笔大开销。很多青少年都把送礼物的轻重当成衡量友情的一个重要标志，认为送贵重的礼物可以增进朋友间的友情，越好的朋友才会送越贵重的礼物，送的礼物越贵重就越能表明自己的心意。

这些其实都是错误的观念，用父母的钱给同学买贵重的礼物，这其实是一种不理性、不成熟的行为。同学之间的友情并不能用物质来衡量，所送礼物的轻重和心意与友情并不是成正比的。这种盲目攀比送贵重礼物的做法反而使同学之间的友情变了味，因为这种做法给很多同学带来了不必要的经济负担和心理负担。比如，有的同学总为送朋友什么样的礼物而焦虑不安：送轻了怕影响同学感情、怕被人瞧不起，送重了会给自己带来很大的经济负担，有时候还不知道对方真正喜欢什么、不知道给对方送什么，对方喜欢的自己却常常买不起。送同学过于贵重的生日礼物不仅会影响同学之间的感情，还会影响正常的学习生活，影响青少年的身心健康和正确的人生观、价值观和良好个性的养成。

因而，男孩要树立正确的价值观，不以礼物贵重与否衡量同学之间的感情。对处于青春期的孩子，让他们认识到“礼轻情意重”，自制一张漂亮的贺卡，贺卡上写上对朋友的真诚祝福，这样表达的感情反而是最纯粹、最诚挚的。

穿名牌，只是一种无聊的虚荣

男孩青春期问题：

在一家旅游鞋专卖店里，身穿一身李宁运动服的中学生王飞看中了一双标价为488元的旅游鞋，他正在跟妈妈为买不买进行激烈的争论。

“这双鞋太贵了，没必要买这么贵的。”妈妈转身要走出鞋店。

“你给买不买？咱们可说好了，你要是不给我买，我就不去上学。才488元你都不肯出，我们同学穿600多、800多、1000多的都有，我这算什么啊？”王飞一脸的不高兴。

“你爸爸不是刚给你买了一双旅游鞋吗？那双不是还没有穿坏吗？多少钱的不一样穿啊？质地、样式也都不错，买这么贵的多浪费啊？”妈妈说。

王飞斜了一眼妈妈说：“我爸买的那双多土啊，我要是穿上它走进教室，同学们不把我笑话死啊！那双鞋要穿你穿，反正我不穿……”他站在那双旅游鞋前动也不动。

看着宝贝儿子“不达目的誓不罢休”的样子，妈妈很是为难。她终究耐不住儿子的软磨硬泡，掏出钱把那双鞋买了下来。

王飞这下高兴了：“早掏钱不就完了吗？非得磨叽这么长时间。穿上这双鞋才有面子。”

爸爸送给儿子的密语

在很多人的观念里，名牌服装象征着财富和地位，它在带给人们感观享受的同时，也带给了他们心理上的极大满足。但从某种程度上说，因为其价格的昂贵，穿名牌服装是只适用于少数拥有更多财富的人的高档消费。

因为名牌服装在价格上要高出普通服装几倍甚至几十倍几百倍，因而很多男孩都把穿名牌服装看做是显示自己家庭的经济实力和审美水平的标准，似乎只有穿上了名牌，才能抬高自己的身价，才表明自己是有地位的。生活中，大部分青少年的家庭都只是普通工薪阶层家庭，如果这些普通工薪家庭的青少年也将目光集中在名牌服装上，盲目崇尚名牌，千方百计地要穿名牌，这其实是一种不健康的心理和行为。对于这些青少年，穿名牌的现象，可以说是他们的一种虚荣的表现，因为很多青少年并没有相应的经济实力去穿名牌。

实际上，名牌服装穿在身上和普通服装穿在身上其作用是一样的，不同的只是人的心理发生了变化。因此，青春期男孩不要盲目崇尚名牌服装，要根据自己家庭的经济实力决定各种消费，对于以学习为主要任务的青春期男孩，穿着自然和朴素，适合自己身份、年龄身材，同时符合自己的购买力的服装才是聪明的选择，才更能体现自己的价值。

第9章 异性不神秘：女孩和男孩到底有什么不一样

青春期男孩开始关注异性，希望了解异性、走近异性，这是一种健康的心理。更好地了解异性是青春期男孩的一项重要任务，因为只有了解了异性，才能尊重和关爱异性，才能更好地与异性相处。男女两性分化从母亲的腹中起就开始了，而到了青春期，男女分化更加明显。仔细阅读下面的章节，了解青春期女孩和男孩有什么不一样，会对男孩的健康成长有帮助。

什么是雌性激素

男孩青春期问题：

最近，13岁的昌昌发现班里的很多女孩身体和行为出现了一些变化，就与班里几个哥们儿讨论起这帮女孩子来了。

“你们有没有发现我们班的女孩发生了一些很奇怪的变化，比如好几个女孩胸部突然变高了，个头也超过了我们，好多女孩还喜欢照镜子，有的还生了一脸的青春痘……”昌昌首先发言。

“是啊，告诉你们一个小秘密，我有一次还发现娇娇的裤子红红的，不会是尿血吧？她还为此哭鼻子了呢？”另一个同学悄悄地说。

“有的女孩见了我们这些男孩子还会害羞，脸红红的，头都不敢抬，更别说大大方方地说话了。我记得去年的时候她们可不是这样的啊。这是怎么回事呢？”昌昌说。

“告诉你们吧，你们说的女孩子的这些现象，都是雌性激素在起作用。”被称为“智多星”的李峰凑过来说。

“雌性激素？什么是雌性激素？”几个男孩疑惑地问。

爸爸送给儿子的密语

激素是由内分泌器官产生，再释放进入血液循环，并通过调节各种组织细胞的代谢活动来影响人体的生理活动的一种微量化学物质。激素可以调节人体的生理平衡，保持人体内环境的稳定、器官之间的协调，对人的生长发育、生殖等起调节作用。人体每个内分泌腺都能产生一种或一种以上的激素。不同种类的激素，其成分不同，其功能也各不相同。

雌性激素是所有激素中的一种，它是由卵巢分泌的，包括雌性激素及黄体素，是保证女性身体发育、孕育新生命及维持母体健康不可缺少的一种激素。

女孩青春期是分泌雌性激素最为旺盛的时期。研究发现，血液中雌性激素浓度高的女性比激素浓度低的同龄女性会更显青春活力。一个非常明显的例子是，哪个女孩若是突然漂亮、可爱起来，人们最爱说的话就是："你是不是在谈恋爱了？"有人认为，这是因为谈恋爱时人的心情好，心情好人才会漂亮、可爱，其实这并不全面，当一个女孩处于恋爱状态时，她体内的雌性激素浓度会升高，在激素的刺激下，皮肤会显得特别光滑、细腻、充满弹性，而恋爱中雌性激素也让女孩更加温柔。

雌性激素维持着女性生理机能的正常运作，具体说来，雌性激素有以下作用：促进女性生殖器官的发育，并维持其正常状态；促使女性出现第二性征，如阴毛及腋毛长出，乳房隆起，皮下脂肪丰满，月经出现，声音变尖变细；维持女性性机能，促使女孩表现出性幻想、性冲动、性行为等；使阴道内保持酸性环境，以提高阴道的抵抗力；能使子宫颈变软、宫颈黏液分泌增多、变稀，有利于精子通过；在孕期、哺乳期，雌性激素也有助于胎儿的生长、乳汁分泌。

女孩缺乏雌性激素的主要表现为月经紊乱、无规律或月经量多，甚至导致失血性贫血；皮肤松弛、暗淡无光泽，出现皱纹、色斑等；情绪暴躁易怒，失眠多梦等；严重时甚至会导致乳房、卵巢等生殖器官发育异常。

体育课，女生为什么老请假

男孩青春期问题：

这一天体育课，小山因为有事找体育老师去请假，恰巧碰见班里的女生蕾蕾和茵茵也来请假，老师批准了蕾蕾和茵茵的假，却拒绝了小山："人家女生上体育课有事请假，你上体育课请假干什么啊？"

小山很不解："我真的有事。再说，凭什么女生上体育课可以请假，男生就不可以请假啊，这很不公平嘛！"小山最近发现体育课请假似乎成了女生的"专利"，每节体育课总有三五个女生请假，而男生请假的却很少，小山就以为女生是在找理由不上体育课，想偷懒。

"怎么这多女孩上体育课都有事啊？女孩就是因为娇气才偷懒不上体育课的。可我是真的有事。"小山愤愤地说。

"女孩来月经就可以请假不上体育课，因为她们来月经的时候不舒服……"体育老师给小山解释道。

"什么月经，年经？我不明白……难道来月经就可以偷懒？"小山很是疑惑。

爸爸送给儿子的密语

女孩到了青春期，就会出现月经，这是女性第二性征的一种表现。月经是由于卵巢激素周期性变化引起子宫内膜周期性脱落而导致阴道出血的现象。

卵巢每个月会定期排出一颗卵子，若有男性的精子进入女性的阴道并与卵子结合成受精卵，受精卵进入子宫后就会在子宫内壁的血液和组织作用下发育成胎儿；如果没有男性的精子进入女性阴道，卵子没有受精，子宫内壁的血液和组织即子宫内膜就没有用了，它们会经过女性阴道排出体外，这就是月经。

因为女性卵子大概一个月排出一次，所以月经就大约一个月来一次。由于月经期间会流失血液和水分，造成体内一些营养成分流失，生理变化可导致女孩身体抵抗力降低，容易感染疾病，所以女孩子月经期间会显得比平时虚弱一些，会觉得不舒服，情绪不稳定，甚至浑身无力。

女孩月经期间不能进行高强度、大运动量、强烈震动的运动，如长跑、跳跃、足球、仰卧起坐等，否则可能会引起或加重痛经，造成月经紊乱，增加出血量甚至使子宫位置改变。在月经期间，女孩也不能参加各种水中运动，如跳水、游泳等，不宜接触冷水，以免造成阴部感染和月经失调。为了避免经期剧烈运动带来以上这些不利后果，女孩上体育课时就要小心，不要勉强进行剧烈的运动，请假休息或者进行少量的运动才有利于自己身体健康。

女孩月经期间并不是所有的运动都不能进行，也不是不能上体育课，只是不宜进行大量的、高强度的、剧烈的运动，进行一些轻柔、舒缓的运动还是可以的，比如可以做广播体操、打太极拳、散步等轻微的活动。其实，月经期间进行适量的运动是有益的，适度的运动可以松弛紧张的腰、腹、背，避免身体过度疲劳，还可以帮助某些女孩子减轻痛经。

当然，女孩和女孩之间也有个体差异，这与女孩各自的身体素质和精神状态等因素有关。如有的女孩月经期间身体反应和心理反应会很强烈，会感觉非常不舒服，有的女孩则没有太大的反应和不适，有的女孩稍微活动量大一些也没有关系，有的则稍微一活动就会感觉很难受。

所以，青春期男孩要懂得体谅女孩子，不应嘲笑她们娇气、偷懒。此外，还要懂得照顾和关爱女孩子，比如有重体力劳动时要知道帮助女孩。

来月经就能生小孩子吗

男孩青春期问题：

读初三的齐齐是个勤学好问的男孩，每一科目的学习他总会提出各种各样的问题。

最近齐齐班里开始上生理卫生课，在讲到关于男孩、女孩生殖器官以及生命孕育这些内容时，由于生理老师是个刚毕业的年轻大姑娘，她不知道怎么跟同学们讲这些内容，于是就要求同学们在课堂上自己看这些章节的内容。

看得出很多同学也对这些内容很敏感而好奇，他们有的把生理课本拿到桌洞里去看，有的看书时把头埋得很低，有的看过书后发出怪叫声，有的女孩看了书后羞红了脸……虽然齐齐知道这些内容都是科学知识，但他在看书时也有点不好意思。

在看到“卵子和精子结合发育成胎儿，就会生出孩子”这样的内容时，齐齐脑海里出现了很多问题，比如：“女孩何时会生小孩子？”“女孩来月经是因为排卵，是不是女孩来了月经就可以生小孩子了？”这些问题齐齐不好意思问年轻的女老师，就一个人在那里瞎琢磨，可他怎么也琢磨不出来。

爸爸送给儿子的密语

女孩子到了青春期，性器官就会开始发育，卵巢就是其中的一种性器官。女孩体内左右腹部各有一个卵巢，卵巢中大约有数十万个小的卵泡，每月同时会有近十个、十几个卵泡开始发育，但其中多数卵泡都发育到一定程度后先后退化，只有一个卵泡可以充分发育成熟并排出一个卵子，有时也有可能排出两个或多个，如双胞胎或多胞胎等。一般两个卵巢每月轮流排卵，所以女性一生中大约有400个左右的卵泡能最终成熟并排卵。

女孩排出卵子一般会有两种结果，一种是来月经，一种是怀孕。当卵子从女孩卵巢经输卵管排出后，如果没有男性的精子与卵子结合，女孩就会来月经；如果男性的精子与卵子结合成受精卵，受精卵就会进入女性子宫并在子宫里逐渐发育成胎儿，胎儿在女性体内经过大约十个月的成长，就会发育成熟并出生，这就是新生命诞生的基本过程。

由此可以看出，女孩子来了月经就表示她有了生育能力，也就是说可以生小孩子了。但是生小孩子必须具备以下几个基本条件：一是必须有成熟的卵子排出；二是必须有成熟的精子，并且精子要与卵子相结合进而继续发育成胎儿，这样最终才会生出小孩子。

卵子与精子结合会有两种途径，一种是男性和女性发生性交，男性将精液射入女性阴道，男性每次会排出大量精子，但只有最强壮、穿透力最强的精子会与女性排出的卵子结合成受精卵；第二种是利用人工方法在女性体外使精子和卵子结合，比如试管婴儿就是如此孕育出来的。

了解了小孩子是怎么来的，青春期男孩就要学会保护女孩，要懂得保护和尊重处于青春期的女孩，不轻易与其发生性行为，以避免怀孕、流产给女孩带来巨大的身心伤害。

为什么说女大十八变

男孩青春期问题：

暑假结束，开学第一天，班里的几个女生凑在一起谈论着彼此暑假生活的感受和每个人的变化。

“敏敏长高了，也变俏了啊，变化真大，没想到两个月不见，我就差一点认不出你来了。”一个同学说。

“哈哈，你也变了，白了、胖了，头型也变得漂亮了。”敏敏说。

“大家看看我变了没有啊？”另一个女生插嘴。

男孩西西正走过来，调侃地对几个女孩说道：“变了，变了，你们女孩子们都变了。女大十八变，越变越笨蛋嘛。”

“什么啊，西西真讨厌。女大十八变，越变越好看。”敏敏调皮地打了西西一拳。

西西脸上恢复了严肃的表情，“对了，我问你们一个问题，为什么说女大十八变呢？哪十八变呢？男孩子不也在变吗？”西西一本正经地说。

“为什么？……我们也说不上来……”几个女孩都摇了摇头。

爸爸送给儿子的密语

俗话说，女大十八变，那么这里的“十八”是指“女孩子长到十八岁时会有变化”还是指“女孩子长大后会有十八种变化”呢？这里的“十八”，既不是专指年龄，也不是确指十八个方面的变化，而是泛指很多的意思。也就是说，“女大十八变”的意思是指女孩在发育成长过程中，身材、容貌、性格等有较多的变化。

生活中，我们常常会发现，小学高年级或刚升入中学的女孩，似乎转眼之间，就由一个蹦蹦跳跳的小丫头变成了一个亭亭玉立的大姑娘，人长高了，身体丰满了，体态动作也处处显露出青春的活力。

“女大十八变”所说的女孩各种变化主要发生在初中、高中时期，也有很多女孩从小学时期就开始了。也就是在女孩进入青春期的时候开始有了很大的变化，变化最大的时间大约是在十一二岁到十七八岁期间，这期间大约五六年的时间是女孩一生中身心变化最大的时期。在这一时期，女孩从外形到内脏器官，再到性格脾气等都将发生一系列微妙而又明显的变化。随着社会的发展和人们生活水平的提高，女孩的这些变化大多都提前了。这些变化主要有以下一些方面：

身体外形方面的变化：身体长高，体重增加，皮下脂肪增加，臀部变圆，身材逐渐呈现出女性特有的曲线美，变成了婀娜多姿的少女；乳头长出，乳晕扩大，乳房逐渐隆起；阴毛出现并逐渐增多、变得稠密，腋毛长出等。

身体功能和内部器官方面的变化：活动能力增强，体力增加，骨盆变得更宽大，性器官功能逐渐发育成熟，卵巢逐渐发育成熟并开始排卵，出现月经，性激素分泌逐步增加，阴阜隆起，阴道长度及宽度增加，阴道黏膜变厚，子宫增大，音调变高等。

心理方面的变化：情绪不稳定，容易冲动、易怒，情感变得丰富而深刻，更关注自身的身体外形和内心世界，更关注别人对自己的看法和评价，对异性开始敏感好奇，对异性产生了倾慕等。

男孩了解了青春期女孩以上这些身心变化对自己与异性更好地交往，对自己以后的恋爱婚姻生活都是很有好处的。因而，男孩要通过科学的途径多了解一些女孩青春期的各种身心变化。

女孩子发育比男孩子早

男孩青春期问题：

课外活动时间，六年级一班的一群同学聚在教室后面悬挂在墙上的一条皮尺面前量身高。

班里的男生和女生不论什么事情都要分成两个阵营，这次量身高也不例外。女生们都说："不用量，你们男生肯定有很多人都比我们矮，明眼人一看就能看出来。"

男生们不服气："那是你们自我感觉太良好，说不定准确量一量后才知道，我们很多男生都比你们女生高一厘米、两厘米呢。"

"打赌！打赌！谁输了谁请客。"女生们起哄。

"不赌，不赌，先量身高，来，一个一个来。"男生们对打赌都有点心虚。

站在旁边等着量身高的男女生比例还大致平衡，男生8个，女生7个。结果，一一量下来，女生大部分都比男生高出那么一点点。

有的男生似乎还不甘心："你们女生有人在作弊，是不是鞋里面垫了高鞋垫了啊？"

“男同胞们，还是接受现实吧，人家女生发育比我们早，我们现在还是‘二等公民’，不过请相信，过几年我们一定会超过她们。”其中一个男生说。

爸爸送给儿子的密语

一般来说，女孩大多比男孩早一两年进入青春发育期，这是一种客观的自然规律。

女孩青春发育期大约从10岁左右就开始了，而男孩大多要到12岁才开始。女孩比男孩发育早的规律表现在很多方面，比如身高、体重、第二性征的表现等。

首先是在身高、体重方面，女孩开始发育后，她们的身高、体重迅速超过男孩，但这种现象是暂时的。到12岁左右，男孩身高、体重开始突增，生长速度迅速加快，1～2年后即达到突增高峰，而此时女孩的生长速度已开始进入缓慢增长阶段，所以14岁左右的男孩，其身高、体重可能会超过同龄的女孩。女孩一般在十六七岁时发育基本接近成人，增长速度减慢，而男孩大约要到20岁左右，身高、体重、性器官等才会大致发育成熟。

女孩比男孩早进入青春期，除了表现在身高、体重方面之外，还表现在女孩先出现第二性征，比如胸部开始隆起，阴毛长出，然后月经来潮，其后长出腋毛，臀部开始变得浑圆等。在大多女性出现第二性征一两年之后，同龄的男孩才开始逐步出现第二性征，表现为胡须长出，喉结突出，声音变得低沉，阴毛、腋毛、胸毛等各处体毛长出等。

由于男孩身高、体重停止生长的时间较晚，整个生长期较长，并且男孩在生长突增期间增长的幅度较大，所以男孩女孩之间的差别越来越大。到成年时，男性的身高、体重大多都明显大于女性，形成显著的性别差异。此外，男孩女孩的骨骼、肌肉和脂肪在质与量以及分布上都有一定的差异。女性骨骼一般比男性轻，骨皮质较薄，骨密度较小，身材较男性矮小，男性肌肉比女性发达，肌纤维较粗，并且男性肌肉中所含水分较少，而蛋白质和糖较多，因此男性肌肉不仅力量大而且耐性强。女性的脂肪比较丰富，其重量大约占体重的28%，而男性脂肪只占体重的18%。由于男性在骨骼、肌肉发育方面具有优势，所以一般男性的体力强、力量大，能承受较重的体力劳动和较大的运动负荷。

我们在日常生活中经常会发现，在小学五六年级时很多女孩发育很快，个头长得比男生高，而男孩的个头却没怎么长。而到了高中阶段，男生就大都比女孩长得更高大、健壮、有力气，这正是因为以上这些原因。

因此，男孩在青春发育初期不必为自己没有女生长得高而不服气，也没必要因此而自卑，在青春期后期也不要因为女孩长得娇小而轻视、嘲笑她们。

女孩为什么爱照镜子

男孩青春期问题：

小甄最近发现班里的好多女生都特别爱"臭美"，因为她们几乎每个人都有一面小镜子，很多女孩在教室里时不时地拿出镜子来照一照自己的脸，有的女孩甚至在听课、自习的时候还要照一照。

小甄的同桌圆圆就是这样一个女孩，虽然她长得并不算很漂亮，但是特别喜欢照镜子。听课的时候，小甄从眼角的余光里发现同桌在照镜子，就很反感，小声制止她："怎么这么爱臭美啊，听课听课。"下课的时候发现她还在照镜子，小甄凑近她的脸不解地问："我看看，你的脸上是长了青春痘，还是长了一朵美丽的花？哎，我说你别老这么照镜子好不好，你再照也漂亮不起来了。"

同桌听了小甄的话有些生气，骂了他一句："要你管？你这个人真讨厌。我就愿意照镜子，你能把我怎么着？"

"好好好，我不管，可是你照镜子别影响我学习啊！真是搞不懂，你们女生怎么都这么爱臭美？"小甄无奈地说。

爸爸送给儿子的密语

爱照镜子是处于青春期的孩子，特别是女孩心理发展的一个重要表现。"爱美之心人皆有之"，青春期的女孩会更加爱美，她们会通过照镜子来发现自己外貌上的美，这种表现与其身心发展特点有关。

在青春期，女孩由于生理发育趋于成熟，身体上发生了很大的变化，同时心理上也发生了急剧的变化。这一时期，女孩开始把注意力转向自己的身体，十分关注自己身体的点滴变化，开始关注自己的脸部美丑、关注发型、关注衣着等，在她们看来，外貌是构成自己身体的最重要的部分。女孩这一时期很注意别人对自己的外貌的评价，大多女孩都很喜欢听别人夸自己长得漂亮，并为此而感到骄傲，如果自己长相不出众或身体局部有某种缺陷，女孩就很容易会因此而苦恼、焦虑、自卑，甚至产生悲观情绪。

另外，处于青春期的女孩不仅关心自我，而且对异性也表现出浓厚的兴趣，并要努力吸引异性的注意，她们很在意自己在异性眼中的形象，会通过照镜子来检查自己的形象，以避免给异性留下不良的印象。

女孩子照镜子通常有以下几种心理：自恋心理，这多出现在长相比较漂亮的女孩身上，她们觉得自己长得漂亮，就经常照镜子体验那种美的感觉，孤芳自赏；自卑心理，自卑的女孩总担心自己的容貌不能让别人喜欢，就通过照镜子努力发现并想办法去克服自己容貌上的瑕疵；吸引别人的注意，女孩通过照镜子努力发现自己的外貌美，这样可以增强自己吸引别人注意的自信，以使自己在同龄人群体中获得认同和尊重。

可见，女孩喜欢照镜子的行为是很正常的行为，就像男孩关注自己的外在形象，喜欢吸引女性的关注和目光一样，女孩也很关注自己的外在形象，希望自己能吸引男孩的目光和关注，照镜子就是这种心理的具体表现。因而，男孩要懂得尊重女孩爱照镜子的行为。

女孩子为什么总是害羞

男孩青春期问题：

那一天，刚进入高一年级的新生召开第一次班会，班主任老师要求每个同学都做一个自我介绍。当轮到一名叫小璐的女生时，只见她款款地走上了讲台，还没有说话，脸却先红了起来。小璐用很小的声音简单地介绍了自己的名字、年龄、爱好等，就急忙下了台，整个过程中她连头都没有抬一下。

坐在小璐旁边座位上的南南一直目不转睛地看着她，他发现小璐其实很美，她有白皙水嫩的脸蛋、标致的五官、匀称的身材，动作温文尔

雅，就是有些害羞。他看到，小璐回到了座位上，也还是低着头，双手不停地摆弄着衣角。

此后的日子里，南南就总是有意无意地关注着小璐的举动，他发现小璐平时走路时总是低着头、看着路，不管见到谁差不多都会脸红，从不主动与别人打招呼，别人跟她打招呼，她也只是微微笑着，常常闭口不语。

南南慢慢喜欢上了这个漂亮文静却又害羞的女孩，很多次他都想约小璐一起去公园玩，可总是犹犹豫豫。他虽然是个比较健谈的男孩子，但他担心和小璐这样的女孩单独在一起仍会尴尬得不知道说什么。

爸爸送给儿子的密语

在很多人的经验里，女孩似乎比男孩会更容易害羞。在与陌生人尤其是陌生异性交往时，更容易出现紧张、不知所措、脸红等不自然表现的往往是女孩。

害羞可以说是交际障碍的一种表现，许多因素都会使人害羞。人感到害羞，这并不仅仅是其性格内向的问题。哈佛大学心理学家杰罗姆·卡格恩说："当我们同陌生人在一起时，害羞要比正常紧张或半信半疑的焦虑状态更强烈。羞涩的人更有可能是内向型的人，但内向型的人不全是害羞的人。"其实，害羞是一种正常反应，而且，不仅是女孩，有些男孩也会害羞。那么，青春期的女孩为什么会更容易害羞呢？

女孩害羞可以说更主要的是社会性别期待的结果。我们传统的社会文化对男女两性具有不同的性别期待，具体来说，就是男性要豪爽、主动、大胆、勇于承担责任，而相对来说，女性则需要温柔、矜持、懂得约束自己，要做"笑不露齿"的淑女，这种社会文化世世代代地影响就形成了很多女性不同于男性的行为和心理，造成了女孩更容易害羞等性格特点。

处于青春期的女孩会更容易害羞，其身心的巨大变化是导致她们容易害羞的一个非常重要的原因。性意识的觉醒会对女孩的各种行为和心理产生重要的影响，她们开始清楚地意识到自己和异性不一样，身体上各种明显的变化更加强了她们的这种意识和心理，使她们更加关注自己，使她们对自己的各种变化以及别人的看法评价非常敏感。在面对异性的时候，她们的心理体验会很强烈，甚至在面对同性的时候也会很敏感，这就会导致很多女孩容易害羞。

除此之外，对别人缺乏了解、性格内向自卑、不善于与人交往等也是造成某些女孩害羞的原因，女孩在与缺乏了解的人交往时，害羞有时是一种自我保护的表现，性格内向自卑、不善与人交往的女孩会在人际交往中非常敏感，因而更容易害羞。

青春期男孩要了解女孩容易害羞的原因，正确把握男女交往的尺度，主动大方地与女孩交往和交流，这样就不会让女孩在交往中过度紧张害羞。

了解什么是痛经

男孩青春期问题：

上午最后一节自习课上，数学老师正在认真地给一名同学讲解一道数学题。聪聪发现同桌小敏突然扔下了钢笔，用手捂住了腹部，脸上出现很痛苦的表情，看起来很难受。聪聪关切地问她怎么了，小敏一言不发，有气无力地趴在了桌上。不一会儿，小敏突然站起身要走出教室，甚至没有跟数学老师打一声招呼。

聪聪站起来向老师报告说："老师，小敏生病了。""哦，你去看一下。"数学老师应了一声。

"哎，她怎么了？"数学老师不太放心，又问聪聪。

"她好像肚子疼，而且很厉害。"聪聪回答说。

"哦，再去两个女生，团支书和学习委员你们跟着去看看。"

一男两女急忙冲出了教室。他们发现小敏正在艰难地朝学生宿舍的方向走去。团支书和学习委员急忙走上前一人架起了小敏的一只胳膊。

团支书与小敏说了几句话后，冲着跟在后面的聪聪说："你回去吧，没你的事了。"

“小敏怎么了？要不要紧？”聪聪不解地问。

“你回去吧，这是女人的事情，她是痛经，一会儿就没事了。”学习委员放开小敏的胳膊，停下来对聪聪小声说。

“痛经？什么痛经啊？不明白。”

“你回去吧，不明白就不明白吧。”学习委员笑着说。

爸爸送给儿子的密语

有些处于青春期的女孩在月经初潮后常会出现痛经。痛经是指月经前后或月经期间出现的下腹部痉挛痛或胀痛，疼痛还可放射至腰骶部、大腿内侧及肛门周围，并可伴有面色苍白、恶心、呕吐、全身或下腹部怕冷、大便频繁，剧痛时可发生虚脱，会严重影响日常生活和学习。

痛经在青春期女孩中是比较普遍的，大约有30%～50%的女孩会出现痛经。痛经可分为原发性痛经和继发性痛经，原发性痛经于月经初潮后即开始，多为功能性的，原发性痛经多发于青春期的女孩；继发性痛经多为器质性的，主要由子宫内膜异位、盆腔炎等生理病变引起。痛经多在月经开始数小时后出现，或在经前1～2天开始，经期加重。

引起女孩痛经的原因有很多，主要有：

第一，生理因素。

如果女孩在月经期间子宫内膜前列腺素分泌过多，会使子宫肌纤维发生强烈的痉挛性收缩，造成子宫收缩过度或肌肉收缩不协调，子宫局部缺氧、缺血，从而导致疼痛。此外，少女的子宫内膜常常不成碎片而是整块脱落，造成排出困难；或是子宫颈口较狭窄，子宫过度屈曲，使经血不能顺利流出，均可导致子宫过度收缩，或发生痉挛性收缩而引起疼痛。

第二，精神心理因素。

月经期间，女孩如果精神过度紧张、情绪波动很大，或对月经缺乏正确的了解而产生恐惧、紧张心理，一来月经就烦躁不安，这都会加重痛经。

第三，体质因素。

女孩如果身体虚弱、缺少锻炼，又对疼痛颇为敏感，疼痛耐受力差，对经期不适会更敏感，轻微疼痛她们就会感觉很痛。

第四，饮食因素。

有些女孩爱吃零食、冷饮，月经期间也吃冷饮及梨等生冷食物，这容易导致气血凝滞，引起痛经。

第五，受凉。

因天气寒冷或衣着过少而受凉，会感受寒邪，导致气血凝滞，经络不通，从而引起痛经。

大部分青春期女孩如果能提高自身体质，平时加强锻炼，增强抵抗疾病的能力，同时注意经期生理和心理卫生，痛经就能得到很好的改善。

男孩了解了以上有关女孩痛经的科学知识，对于自己如何关心、照顾好女孩是有帮助的，对自己以后的恋爱婚姻生活也是有帮助的。

女孩子的胸部为什么变大了

男孩青春期问题：

一个炎热的夏天的下午，女生们正在进行着1500米长跑测试，体育委员孙腾和另一个男生在帮助体育老师记录她们的长跑成绩。

孙腾密切关注着一圈一圈努力向前跑着的女生们。最后几圈，很多女孩都已经精疲力竭了，但仍在缓慢、气喘吁吁地向前跑。已经是初二大男孩的孙腾像是发现了什么，把那个男生拉到一边说起了悄悄话。

“喂，你仔细看看，我们班的女生胸部突然都变得这么大了，你瞧，跑起来还一颤一颤的呢。”孙腾俯在那个男生的耳边小声说。

“嗯？是啊。”另一个男生应和着。他们俩都还从来没有这么真切地关注过女生的胸部呢。此时，有的女孩由于大汗淋漓，衣服都紧紧地贴在了身上，更加衬托出了突出的胸部。平常她们都穿着宽大的校服，可看不出胸部这么突出。

经孙腾这么一说，两个人就总是不由自主地看向每个女孩的胸部。

“你说，女孩的胸部为什么都变大了呢？”

“她们到了青春期呗，这还不简单吗！”孙腾一脸的坏笑。

爸爸送给儿子的密语

女孩进入青春发育期，乳房就开始发育，在体内雌性激素的影响下，女孩的乳腺开始发育。这时乳房内除了许多细长的乳腺管不断发育外，还积累了不少脂肪，使得乳房日渐隆起，而且富有弹性，这是女孩身体逐渐发育成熟的一个标志。

虽然人们习惯于把月经初潮作为女孩进入青春期的重要标志，然而，女孩最先发育也是最早出现的第二性征是乳房隆起。女孩乳房的发育大约是在8～12岁时开始的。起初，构成乳房的乳腺及其周围起保护作用的脂肪组织在乳房及其周围的乳晕处形成一个纽扣样的小鼓包（乳蕾期）。此后，乳头开始变大，大约在女孩14～15岁时，乳房发育比较明显，乳房明显地隆起。在女孩16～17岁时，乳房丰满，线条清晰，乳头大而突出。到了18～20岁，女孩乳房的大小和形状已接近成年女性（乳房期），但此时女孩的乳房还不能分泌乳汁，需要等到生育后才会分泌乳汁。

具体来说，青春期女孩的乳房发育要经历以下几个阶段：

第一阶段是发育前期，年龄一般为8岁左右，表现为乳头突出；

第二阶段为发育早期，年龄一般为9～10岁，乳头下的乳房胚芽开始生长，呈明显的圆丘形隆起，乳晕面积开始增加；

第三阶段为11～13岁，乳晕高出乳房，乳房开始变圆，但仍比较小；

第四阶段为14～18岁，腺体增生旺盛，乳房继续增大，乳头和乳晕也继续增大，乳房基本定型。

女孩的乳房从开始发育到成熟一般需要4年左右的时间，但个体差异很大，发育迅速的全过程可在一年半内完成，发育缓慢的前后可持续八九年。而且，由于生活环境、生活条件和个人身体素质不同，每个女孩的乳房大小也不同。

有的女孩在月经周期中，乳房受卵巢内分泌激素的影响，而出现周期性变化，如在月经来潮前几天感觉乳房胀痛、乳头刺痛等，这是正常的生理现象，此症状一般在月经来潮后即会消失。有些乳房已经发育的女孩会为此感到难为情，为了掩盖自己突起的乳房，走路时就会低头含胸，或者穿紧身衣束胸，这些做法都会限制乳房和胸廓的正常发育。

因为女孩胸部变大是正常的生理现象，因而男孩不要因此而取笑女孩，而要学会尊重女孩，尊重女孩的身体。

第10章 青春期保健：建立起身体的『防火墙』

有人曾说，在人的一生中，如果将健康、学业、财富、爱情、亲情等很多东西排成一列，那么最前面的健康就是“1”，后面所有的东西都是“0”，身体健康若没有了，其他的一切就都没有了意义。青春期男孩拥有一个健康的身体，不仅是其当前学习、生活等的重要前提和基础，还会对自己以后的生活有很大的影响。因而，青春期男孩要努力学习一些保健知识，建立起自己身体的“防火墙”。

这些食物，不宜多吃

男孩青春期问题：

小勇是个胖胖的男孩，他一直很喜欢喝各种饮料，却不喜欢喝白开水，每天的饮用水他常常都用饮料来代替。

这一天晚上，小勇刚洗完了澡，他突然感觉很渴，就打开冰箱去拿饮料喝。可是前两天他已经把刚买的各种汽水、果汁全都喝完了。小勇对爸爸说："爸，帮个忙，你到楼下小卖部给我买瓶汽水行不行？渴死我了。"

“暖瓶里不是有开水吗？喝什么汽水啊！”爸爸说。

“开水有什么好喝的，没滋没味的，哪有汽水好喝？”小勇不高兴地回答说。

“总喝饮料哪行啊？不能再喝饮料了，白开水就是最好的饮料。”爸爸开始教导儿子，他一直对儿子总喝饮料、不喝开水不满呢。

爸爸送给儿子的密语

要保证青春期男孩的身体正常健康地成长发育，科学合理的饮食是最关键的因素。对于正在成长中的男孩来说，有些食物是影响其身体健康发育的垃圾食品，男孩要少吃甚至拒绝食用这些垃圾食品。这些垃圾食品有的是导致男孩心血管疾病的危险因素，有的会致癌，有的会影响某些身体器官的正常发育或器官功能的发展，有的会影响智力、能力发育，甚至扭曲行为、性格的发展。

那么，对于青春期男孩，哪些食物属于垃圾食品、不宜多吃呢？医学专家提醒，以下食物青春期孩子不要多吃，否则有害无益。

膨化食品：如薯条、薯片、虾条、虾片等，这是很多男孩喜欢吃的食品。检测显示，膨化食品虽然口味鲜美，但从其成分看，是属于高油脂、低粗纤维的食品，长期大量食用会造成油脂、热量吸入高，粗纤维摄入不足，若运动不足，就会造成脂肪积累，出现肥胖。

蜜饯类食品：如果脯、话梅、蜜枣等，吃得过多不利于声带充血、水肿的消除，且这些食品都是高糖食品，食入后在体内局部会造成酸性环境，大大削弱人体白细胞的吞噬功能，使得咽喉部各种感染的机会增加。

方便面：方面便里含有对青春期孩子身体发育不利的食用色素和防腐剂等，多食无益。

蛋糕：蛋糕含有较高的糖分和热量，只含有极少的营养素，过食蛋糕会造成肥胖和牙齿疾患。

碳酸类饮料：过量饮用可乐、雪碧这类碳酸饮料，会洗掉肠内的保护膜，带走身体中的钙。碳酸饮料有一个绰号叫“化骨水”，因为它会影响骨头的正常生长发育，不利于正处于发育期的青春期男孩骨头的成长。

油炸类食品：如油条、炸糕等，这类食物都经过高温油炸。研究显示：油温在180℃以上易产生氧化脂，易导致食管癌、胃癌等。

巧克力：青春期男孩食用巧克力过多，会使中枢神经处于异常兴奋的状态，产生焦虑不安、心跳加快、食欲下降等不良反应。

人参：孩子食用人参会导致性早熟。

橘子：橘子容易引起腹痛、腹泻，吃橘子过多还会“上火”，表现为口角炎、牙龈炎、舌炎、便秘等症状。

爆米花：爆米花含铅量高，铅进入人体会损害神经、消化系统，并也会损伤造血功能。

腌制类食品：如果腌制不好，食品内会有致癌物质亚硝酸胺。另外，腌制类食品含盐分高，容易导致青春期孩子患高血压，影响身体对锌的吸收等。

熏、烧烤食物：熏肉、熏肠、烤肉之类的食品具有强烈的致癌性。

罐头：罐头食品中的添加剂对正在发育的青少年有很大的影响，还容易造成慢性中毒。

泡饭：食物的消化吸收与咀嚼有直接关系，咀嚼越细碎越容易消化吸收，这是因为在咀嚼的同时会分泌唾液，唾液中含有唾液淀粉酶，能起到帮助消化的作用。吃泡饭时，一方面咀嚼不完全，分泌唾液量相应减少；另一方面，汤水冲淡了胃液，也影响食物的消化吸收，因此经常吃泡饭易得胃病。

咸鱼：咸鱼含有大量的二甲基亚硝酸盐，这种物质进入人体后，会转化为致癌性很强的二甲基亚硝胺。

松花蛋：有些制作商在制作松花蛋时会加入一些含铅的辅料，经常食用含铅的松花蛋会引起铅中毒，出现恶心、呕吐、头疼、头晕等症状。

果冻：果冻是用香精、增稠剂、甜味剂、色素调制而成，这些物质没有营养，多吃对男孩健康无益。

味精：味精食用过多可引起头疼、心悸、恶心等症状。

臭豆腐：豆腐在发酵过程中易被微生物污染，还含有大量的挥发性盐基胺以及硫化氢，对人体有害。

浓茶：浓茶中含有大量鞣酸，鞣酸在人体内遇铁便生成鞣酸铁，使铁难以被人体吸收，容易造成人体缺铁。

青春期男孩要记得不要多吃以上食品，以尽可能地避免对自己身体发育的有害因素。

锻炼是最好的药

男孩青春期问题：

读高中的小冬是个很不喜欢进行体育锻炼和体力劳动的男孩，他的个头近1.7米，却没有妈妈有力气，身体柔弱得像个女孩。他每天就只知道看书学习，要么就是舒舒服服地躺在沙发上看电视或躲在房间里玩电脑，家里的很多体力活他也懒得去做。

爸爸觉得儿子这样下去会影响身体健康，就督促小冬每天早上去锻炼，并提议每天陪他去跑步。可是每到早上起床的时候，小冬不是借口没睡够，就是借口早上要读英语而拒绝去锻炼。他还时常振振有词地反驳爸爸说：“我们班很多同学早上都不锻炼，也没见他们生病，没见他们学习时晕倒啊！再说，学习是脑力劳动，身体锻炼不锻炼又有什么关系呢？而且锻炼身体又累又浪费时间，这是何苦呢？天天锻炼身体能把学习搞好吗？”

爸爸知道小冬是因为已经养成了懒惰、习惯于舒适的不良习惯，才不愿意去锻炼，就苦口婆心地跟他讲体育锻炼的各种好处，并告诉他，养成了每天锻炼的习惯之后就不会觉得累，而且每天锻炼会使自己精力更充沛，学习也会更轻松高效。

爸爸送给儿子的密语

有一位医学专家曾经说过，保证身体健康的重要条件是“营养加锻炼”，对于处在身体成长关键期的男孩更是如此。养成科学合理的饮食习惯，保证充足而均衡的营养摄入，另外，还要勤于锻炼，这样才会为自己的身体健康成长创造良好的条件，才能有效地抵御外来各种不良因素对身体的侵害。

事实上，锻炼是保证身体健康最好的药，锻炼不仅可以有效地抵御外界不良因素的侵害，还能在很大程度上降低疾病的发生，维持机体各器官的良好机能。

具体而言，体育锻炼对青春期男孩有以下有利的影响：经常进行体育锻炼可使人体新陈代谢旺盛，血流量增大，使肌体内血液供应良好，蛋白质等营养物质的吸收与输送能力增强，肌肉变得更加粗壮、结实、有力，并使肌肉机能提高，肌肉收缩力量增大、速度增快、弹性增强、

耐力增强；体育锻炼可促进骨质增强，提高骨的性能，因为新陈代谢的增强可使骨的结构和性能发生变化，表现为骨密质增厚，使骨变粗。体育锻炼对身高的生长还有积极的促进作用，并可增强关节周围的肌肉和韧带的力量和柔韧性，从而加固关节；体育锻炼对循环系统和呼吸系统发展的影响也是非常显著的，它可增强心血管的机能，加强血液循环，提高血液循环的质量，还能改善呼吸机能。

体育锻炼对于青春期男孩来说是必不可少的，因此男孩平时要加强体育锻炼。另外，在锻炼时，需要注意以下这些问题：

第一，体育锻炼要循序渐进。

人不能一口吃成个胖子，体育锻炼也不是一天两天就能有明显的效果的。有的男孩看到运动员的身体健壮有力，自己也想练出这样的效果，一开始就硬干蛮练，不但收不到应有的效果，还容易使自己的身体器官受伤。因此，最初参加体育锻炼，要做到运动量由小到大，运动强度由弱到强，技术难度由易到难，要随着锻炼时间的延续，逐步增大运动量和运动强度，以及运动项目的难度。

第二，体育锻炼要持之以恒。

体育锻炼贵在持之以恒，“三天打鱼，两天晒网”是达不到好效果的。因而，一定要坚持每天都锻炼，并持之以恒。

第三，每次锻炼要有准备活动和整理活动。

锻炼开始前要做适当的准备活动，以逐步提高心血管、肌肉骨骼等的活动水平，同时消除肌肉、关节的僵硬状态，减少外伤的发生。锻炼后的整理活动同样重要，它可使神经系统由紧张恢复到安静，以防止“运动性休克”的发生。

第四，体育锻炼要多样、全面。

锻炼的项目要多种多样，使自己全身各部分都能得到锻炼，从而均衡地发展。男孩要尽量参加多种体育活动，如跑步、跳远、投掷、球类、体操、武术等都可作为锻炼的内容。

相信，男孩只要平时加强体育锻炼，并在锻炼中注意以上问题，就可以拥有让人羡慕的、健壮的男子汉体魄。

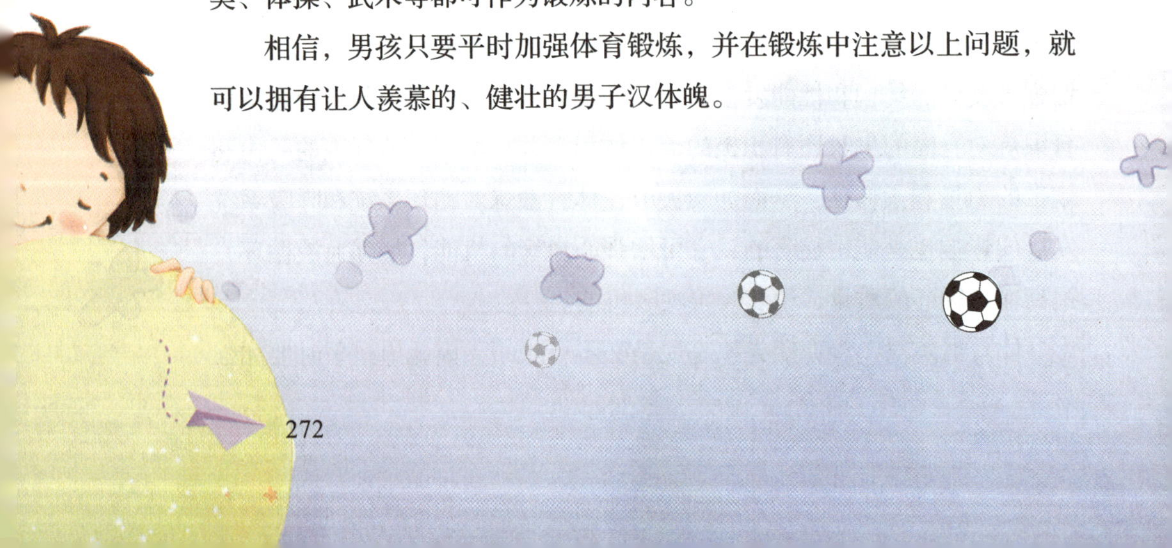

男孩乳房胀痛是病吗

男孩青春期问题：

12岁的男孩小单最近遇到了一个令人“难以启齿”的问题，因为他的左侧乳房这几天有些胀痛，只要用手稍一摁压就会感觉到痛，又过了两天，他的右侧乳房也开始出现胀痛。

连续好多天，小单的乳房胀痛都没有消失，他开始有些慌了：“这不会是病吧？”自己是男孩，不像女孩那样乳房会发育长大，可为什么乳房也会胀痛呢？“这会不会说明我的乳房发育出现了问题？我该怎么办呢？”这样的疑问和担心让小单整天不得安宁、寝食不安，连学习的时候都不停地在思考这个问题。

小单偷偷翻遍了爸爸所有的医学书籍，也没有找到正确的答案，他很想向做医生的爸爸问个明白，可他总是不好意思开口。

爸爸送给儿子的密语

有些男孩进入青春发育期后，会发现自己的乳房开始出现胀痛，大多数男孩的这种情况其实是一种正常现象，少数则属于病态。

男孩进入青春期后，体内在大量分泌雄性激素的同时，雌性激素的分泌也会随之增加。在这个阶段，由于男孩的身体发育还不成熟，体内性激素水平会发生变化，雌性激素比雄性激素先增高，出现雌性激素、雄性激素比例的暂时失调，而雌性激素是促进乳腺发育的重要因素。因此，在男孩进入青春期后一年左右，由于体内雌性激素的升高，再加上生长激素和肾上腺皮质激素对乳腺产生刺激作用，从而使乳头部位的乳腺细胞增大、分裂、数量增多，在这个过程中有些男孩可能会伴有乳房胀痛。这种现象属于生理性变化，一般可持续1～2年左右，大部分会随着男孩身体的不断发育而自行消退。

男性乳腺发育的现象称为“乳房增生”，表现为乳房双侧性对称或不对称增大，也有单侧性增大，一般无不适，但有时可伴有胀痛。对青春期男孩来说，这种现象称为“特发性男性乳房增生”，一般不必进行治疗。

青春期男孩乳房增生除上述生理性的原因外，还可能有病理性增生，如有肝脏疾病、睾丸功能低下、肾上腺病症、肿瘤等疾病的男孩也可能出现乳腺增生，导致乳房胀痛。一般来说，如果乳房增生、乳房胀痛很长时间都不消失，可能就属于病理性的乳房增生和乳房胀痛。

对于青春期男孩来说，乳房可能是容易被忽略的器官之一。因此有些男孩即使觉察到自己的乳房长时间有不适感，也忌讳就医，这对身体是不利的。因为男孩乳房疾病如果得不到及时治疗，青春期过后就可能会导致肾上腺炎症或其他肿瘤等疾病。

综上所述，青春期男孩对乳房胀痛不必过于担心，但平时要注意乳房卫生，比如不要用手抠乳房，洗澡时不要用力搓，不要拔掉乳房上长出的毛等。而且要密切注意乳房的变化，如怀疑乳房有病变就要及时就医，以免延误治疗时机。另外，要慎吃营养滋补品，因为有些滋补品可能含有性激素，长期大量服用这类产品，可能会导致男孩乳房及其他器官发育不良。

阴茎头包皮炎有什么症状

男孩青春期问题：

初三男孩王毅最近遇到了一个大“麻烦”：连续好多天，他的阴茎头总是疼痛难忍，有时还会奇痒，仔细看时龟头上还有一些小红疙瘩，穿上内裤、外裤后一摩擦，那种疼痒的感觉就会更加强烈，大白天里他又不能去挠、去抓，有时候连小便都让他觉得痛苦不堪……只有晚上的时候他才会不停地去洗、去挠自己的阴茎头，可是这种难以忍受的状况始终没有改善。

王毅不知道自己的“小弟弟”这是怎么了，会不会得了什么疾病啊？他不知道到底该怎么办。这个问题对他真是“难言之隐”，去问爸爸吧，他不知道该怎么开口，去看医生吧，他觉得这种事情很“丢人”。

爸爸送给儿子的密语

男性阴茎头发炎和包皮发炎常常同时存在，故统称为阴茎头包皮炎，也叫包皮龟头炎。顾名思义，阴茎头包皮炎即阴茎头与包皮同时感染而引起的炎症。

引起阴茎头包皮炎的主要原因是包茎或包皮过长，不注意阴茎卫生、生活不规律，另外，不洁性交、药物刺激或过敏也是致病的原因。在龟头和过长的包皮之间，由于脱落的上皮细胞、腺体分泌物和包皮垢杆菌形成一个温热、潮湿的环境，容易使细菌繁殖，一旦细菌进入此处即可引起炎症。服用某些药物过敏时，有时可在阴茎头或包皮上形成固定的水肿性红斑，中心部位出现水疱，破溃后可引起感染，症状多在服药后24～36个小时内发生，停药后好转，再次服药可能又会重复出现。

阴茎头包皮炎的一般症状有：局部常有潮湿、红肿、疼痛、瘙痒，甚至发生糜烂及浅小溃疡，并有黄色脓性或乳白色分泌物出现，伴有特殊的臭味。部分病人在急性发作后，由于感染会造成包皮与阴茎头部粘连，包皮不能上翻，甚至造成尿道口狭窄，引起排尿困难。

阴茎头包皮炎有如下几种：

1. 急性浅表性阴茎头包皮炎：最初时阴茎头局部潮红、肿胀，龟头处会有灼热和瘙痒的感觉。翻开包皮后可见包皮内及龟头充血或糜烂、有渗出液体，甚至出血。继发感染后可见小溃疡，有恶臭的乳白色脓性分泌物，如与内裤摩擦会感到疼痛，导致活动不便、排尿困难。这种炎症可伴有腹股沟淋巴结的肿大和压痛。

2. 环状溃烂性包皮龟头炎：症状为在龟头和包皮上出现红斑，并逐渐扩大，且呈环状，可形成浅表性溃疡面。

3. 白色念珠菌性包皮龟头炎：包皮和龟头可见红斑，并有小疱疹，红斑的边缘较清楚，炎症急性发作时有糜烂、渗液。

4. 滴虫性包皮龟头炎：龟头起丘疹和红斑，并逐渐扩大，边缘清楚，红斑上可见针头大小的小水疱，最后形成糜烂面。

青春期男孩如果出现阴茎头包皮炎不及时治疗，有可能会引发多种不良后果，比如导致阴茎头坏死；反复感染可使阴茎头或包皮增厚，形成白斑；阴茎头受包皮垢长期刺激还可能会发生阴茎癌等。因此，男孩

要注意预防阴茎头包皮炎，预防阴茎头包皮炎需从以下两方面入手：

第一，注意阴茎卫生。每日要用干净的水清洗龟头和包皮，及时清洁包皮内的污垢，避免各种不良的刺激，比如避免穿不干净的内裤。如果包皮过长要及时治疗，必要时行包皮环切术。

第二，避免性行为。性行为尤其是不洁的性行为，是造成男孩阴茎头包皮炎的一个重要原因。因而男孩要学会保护自己，不在青春期时与异性发生性行为。

男孩的“难言之隐”不可隐，在加强预防的同时，如果发现自己患上了阴茎头包皮炎就要及时就医。

阴囊瘙痒该怎么办

男孩青春期问题：

14岁的肖勇最近很烦恼，因为夏天来了，这段时间他的“私密处”总是瘙痒难忍，像是有无数只小虫子在爬行、噬咬着自己的阴囊。但当肖勇躲进自己的房间里仔细观察阴囊时，除了发现阴囊部皮肤稍红了些外，却又看不出什么问题。

连续很多天，肖勇的阴囊瘙痒始终没有减轻。这件事他不知道该怎么跟爸爸妈妈说，就只好自己忍着。在学校，白天没有人的时候他就使劲地挠抓阴囊，如果周围有人那他就惨了，痒得再难受他也不能随便去抓，只能一忍再忍。晚上回家洗了澡，肖勇会觉得阴囊舒服一会儿，可不长时间又开始痒起来，他就又不停地抓、挠，不抓、不挠的时候就又开始痒。这真让肖勇一筹莫展、无计可施。

爸爸送给儿子的密语

男性阴囊瘙痒在临床上并不少见，它不是一种单独的疾病，而是多种疾病的症状之一。阴囊瘙痒也是青春期男孩常见病症之一，患者会感到阴囊部皮肤瘙痒难忍，由于患者老是搔抓，常常会导致患处皮肤增厚、苔藓化，甚至导致局部溃烂。

引起男孩阴囊瘙痒的原因比较复杂，有内部因素，也有外部因素，常见原因有以下几种：阴囊局部潮湿，因为阴囊本身有腺体分泌，加上出汗多，如果常穿紧身或化纤材料的内裤，导致阴部不通风透气，就容易引起阴囊瘙痒；此外，精神紧张、辛辣食物的刺激、摩擦、静电、残留在内裤上的洗涤剂对外阴部皮肤的刺激以及一些疾病，如阴囊湿疹、阴虱病、股癣、毛囊炎等，也可诱发阴囊瘙痒。

那么，青春期男孩如果出现阴囊瘙痒，该怎么办？下面是给男孩的几点建议：

第一，保持阴部卫生。

男孩在平时要特别注意阴囊、阴茎等处的卫生，养成每天用干净的温水清洗外阴的良好习惯，避免该处潮湿，而要保持局部干燥，适当在阴囊处使用爽身粉；要保持内裤干净卫生，需穿全棉、吸汗的内裤，避免穿紧身或化纤等不透气的内裤，少穿牛仔裤等紧身裤；在清洗外阴和内裤时使用温和的洗涤剂，香皂、洗衣粉要少用。

第二，养成良好的生活习惯、保持好心情。

养成良好的生活习惯，多吃蔬菜、水果，不抽烟、不喝酒，少吃过辣、过咸等强刺激性的食物，以免加重病情。保持好心情，避免精神过

度紧张，有了不良情绪要学会宣泄、学会放松。

第三，避免过度搔抓。

搔抓虽可减轻瘙痒，但对减轻阴囊瘙痒的病症没有任何作用，还可能会因抓破局部皮肤造成继发感染，使病症恶化，造成恶性循环，形成慢性单纯苔藓（即神经性皮炎）后治疗难度会更大。

第四，忌用热水烫洗。

阴囊过于受热会加剧皮肤红肿，影响病情恢复。

男孩出现阴囊瘙痒，可在医生的建议下使用相应的外用药涂擦患处，如果阴囊瘙痒仍不能减轻，或者患有毛囊炎、股癣等疾病，都要及时就诊，以免延误病情。

得了疝气该怎么办

男孩青春期问题：

郑晖有一次洗澡的时候发现自己的身体出现了“异常情况”：在自己的下腹部鼓起了一个像半个鸡蛋那么大的“小包”，摸上去还有些硬，稍微有些痛感。这在以前可是没有的事情。

“这是怎么回事呢？不会是肿瘤吧？”郑晖有些害怕了。

洗完了澡，郑晖回到卧室躺在床上，胡思乱想着下腹部那个“小包”会出现什么严重后果，他不自觉地又摸向了自己的下腹部。这次他没有摸到那个“小包”，就抬起头看了看自己的身体：“‘小包’真的不见了。”郑晖更加疑惑了：“那个‘小包’到底是什么东西？怎么又不见了呢？”

郑晖站起身走到了镜子面前，望着镜中自己的身体：“奇怪，那个‘小包’又出现了。这到底是怎么回事啊？”郑晖被弄得丈二和尚摸不着头脑。

因担心“小包”会是肿瘤，郑晖只得跟爸爸详细说了这一情况。爸爸听儿子说完，又看了看他的身体，说：“这是疝气，得去医院。”

爸爸送给儿子的密语

疝气是指人体组织或器官的一部分离开了原来的部位，通过人体组织的间隙、缺损或薄弱部位进入另一部位的现象。因为大多数疝气内容物为小肠，多发于腹股沟区，所以疝气俗称“小肠串气”，指小肠由正常位置经腹壁上孔道或薄弱点突出来，腹壁会出现一个包块，平卧的时候包块可能就会消失。

青春期男孩疝气也多发于腹股沟区，可看见半球或梨形包块突出体表，有的掉入阴囊，病情较重时有酸胀感，发生嵌顿可出现剧痛。男孩疝气通常是后天因素所导致，腹压增加可使得肌膜松弛从而产生疝气，一般是因为咳嗽、喷嚏、生气、前列腺肥大、用力过度、用力排便等原因引起。

疝气如果不及时治疗会有很大的危害：首先，会影响患者的消化系统，出现下腹部坠胀、腹胀气、腹痛、便秘、营养吸收功能差、易疲劳和体质下降等症状；其次，可因疝气的挤压而影响睾丸的正常发育，导致以后的性功能障碍；再次，由于疝囊内的肠管或网膜易受到挤压或碰撞引起炎性肿胀，致使疝气回纳困难，导致疝气嵌顿，以及肠梗阻、肠坏死、腹部剧痛等危险情况。

如果得了疝气不及时治疗，腹壁缺损将被越撑越大，掉出来的肠管会越来越多，到这时再治疗就困难多了。如果发生嵌顿疝（即疝内容物不能回纳），就会伴有剧烈疼痛，严重的可伴阵发性局部绞痛、恶心、呕吐、便秘、腹胀等急性肠梗阻症状，肿块难以自行回纳，病情会逐渐加重。如不及时处理，可进一步发展为绞窄疝。绞窄疝的临床症状多比较严重，坏死的肠管可以继发感染，出现腹膜炎和脓毒败血症，甚至可危及病人生命。所以，男孩得了疝气千万不可忽视，应及早接受治疗。

医学专家们公认治疗疝气最好的方法为手术治疗，而手术的最好时机是诊断确定后便行手术。传统的非手术疗法有很多，比如中医中药、疝托、疝带、注射疗法等，但实践证明这些方法不能解决根本问题，只对某些暂时无法手术的病人起到缓解症状的作用，要想彻底解决问题还是要进行外科手术。

男孩要避免走入治疗疝气的几个误区：第一，抱有无所谓的态度，有些男孩会认为疝气不痛就不需要治疗；第二，不好意思看病，外生殖器发现包块，有的男孩不愿意告知家人，亦不愿意就医；第三，怕手术，手术虽然是有创治疗，但现在手术大多采用微创化方法，损伤较小；第四，怕复发，现代无张力修补术，复发率非常低，不到1%；第五，怕异物有反应，现在使用的修补材料惰性很强，不易与组织起化学反应，组织相容性好；第六，希望保守治疗有效，保守治疗只暂时起到缓解症状的作用，手术是彻底治疗疝气的唯一方法。

如何防治男孩过度手淫

男孩青春期问题：

15岁的伟峰有一次自己一个人在家看电视，电视上正在播放一部爱情片。当他看到男女主人公手拉手走到一个无人的地方，男主人公突然抱住女主人公时，对爱情充满好奇的伟峰开始紧张起来。

伟峰一眼不眨地盯住电视屏幕，电视剧中男主人公开始抱着女主人公狂吻起来，一双手还在她身上不停地摸着。伟峰看到这里不觉脸红耳热起来，心突突地跳得厉害。

那天晚上，这一幕情景总出现在伟峰的脑海里，他第一次禁不住自慰了，并且有了极大的快感。原来爱情和性会有这么大的魔力，伟峰很是兴奋。

从那以后，几乎每天晚上，只要伟峰躺在床上，电视剧中那个镜头就总是在他眼前晃来晃去，而每当这时他都会忍不住用手去摆弄自己的生殖器，每次都会射精。慢慢地，这种幻想爱情镜头和手淫的做法成了伟峰的一个习惯，成了他每天晚上躺在床上“必做的功课”。

爸爸送给儿子的密语

很多男孩进入青春期后，在性冲动的驱使下会用手或其他器具刺激自己的性器官，出现阴茎勃起、射精，以获得性快感，借以达到性欲的满足，这种情况被称为手淫，亦称自慰。手淫是没有异性参与的一种性行为，青春期男女均有，其中以男性多见。

现代生理心理学家对青春期男孩手淫并不持完全否定的态度，因为偶然的手淫对身体健康没有什么影响，他们认为手淫是男孩性生理和性心理发育正常的表现。但对于青春期男孩来说，频繁、过度的手淫常常是有害的。频繁的手淫容易使大脑过度疲劳，从而引起神经衰弱、精神不集中、疲乏无力、无精打采，影响正常的生活和学习。频繁的手淫还可能会引起生殖器炎症、泌尿道感染以及阳痿或射精困难等性功能障碍。

导致男孩频繁手淫的原因是阴茎部位受到外来刺激，如包皮过长引起包皮垢堆积、阴茎头发炎等。但更重要的影响因素是，男孩因看了淫秽书刊、黄色录像或有性爱描写的文学作品后，或过于沉溺于性幻想中，使得性神经长期处于兴奋状态，脊髓神经接受性信号的频率过多，性冲动频繁，以致造成频繁手淫。

所以，青春期男孩要注意避免过度手淫，可从以下几个方面入手：

第一，不让手淫成为习惯。

男孩偶然出现手淫这本无可厚非，但要避免使手淫形成习惯，不要在特定的时间刻意让自己反复进行手淫。如果已经形成了手淫的习惯，就要下决心去改正。

第二，避免过多的性刺激。

不看黄色书刊、黄色录像带、黄色网页等，避免单独和异性接触，减少性幻想，以免过多的性刺激使得性中枢总处于兴奋状态，导致频繁的性冲动和频繁手淫。

第三，转移注意力。

平时要把主要精力集中在学习上，多参加文体活动，培养广泛的兴趣和爱好。这样可以使性中枢处于适当的抑制状态，避免过多的手淫。

第四，养成良好的生活卫生习惯。

不趴着睡觉，晚上睡觉盖被不宜过厚，不睡懒觉，早晨醒了要马上起床，减少手淫发生的时间与环境；经常进行体育锻炼，保持精神愉快和身体健康；还要注意外阴卫生，内裤不要过紧，勤换洗内裤，勤洗澡。

男孩要努力做到以上几点，避免过度手淫所带来的困扰和危害。

怎样远离艾滋病

男孩青春期问题：

晓林是初中三年级的学生，今年15岁，1.7米的个子已和爸爸的个头差不多。

最近，同班的一位女孩引起了晓林的注意，这个女孩坐在他的前面，留一头短发，活泼爱笑，特别是微笑时脸上露出的一对小酒窝触动了他的心。

而那个女孩也挺喜欢晓林，因为晓林长得高高大大，很英俊帅气，而且学习又好，还喜欢帮助别人。女孩遇到学习上的问题很喜欢向晓林求教，也总能得到他热情的帮助。慢慢地，两个人的心靠近了，双方都产生了对对方的爱慕。晓林渴望能有机会和她单独在一起，静静地说些知心话。

终于有一天，晓林和女孩有了单独相处的机会。那是一个周六下午，女孩打电话给晓林说有一道数学题不会，想问问他，于是他们相约来到了附近的公园里，晓林开始给女孩讲解数学题。在刚解完题的一刹那，晓林抑制不住冲动，猛地把女孩往自己的怀里拉，并忘情地吻了她。

过后，晓林有些害怕。有一天，班里上了一堂有关艾滋病的健康课，课堂上老师讲授了艾滋病的危害及传播途径，还观看了相关的图片。晓林认为艾滋病可以通过接吻传播，就不由自主地担心起来，担心自己会染上可怕的艾滋病。

爸爸送给儿子的密语

艾滋病的医学全称为“获得性免疫缺陷综合征”，英文缩写为“AIDS”，是由人体感染人类免疫缺陷病毒即艾滋病毒（HIV）引起的免疫缺陷综合征。

艾滋病之所以会在人类中猖狂并成为当今医学界难以攻克的难题，就在于艾滋病病毒侵入人体后直接侵犯人体免疫系统，它攻击和杀伤的是人体免疫系统中最重要、最具有进攻性的T4淋巴细胞，使人体一开始就处于丧失防御能力的地位。艾滋病病毒一旦进入人体，就寄生于T4淋巴细胞内最核心的部位，并与细胞核的遗传物质DNA整合为一体，人体没有能力使其分开，更没有力量杀灭它。艾滋病病毒随免疫细胞DNA复制而复制，病毒的繁殖和复制使免疫细胞遭到破坏和毁灭，并释放出更多的病毒，新增殖病毒再感染更多的细胞。就这样，病毒一代代地复制、繁殖，而免疫细胞不断死亡，最终导致人体的死亡。

艾滋病对人类具有极大的危险性，青春期男孩要学会珍爱生命，努力预防艾滋病。要预防艾滋病，男孩首先要了解艾滋病的传播途径。

艾滋病病毒存在于感染者或患者的体液和器官组织内，感染者或患者的血液、精液、阴道分泌液、乳汁、伤口渗出液中含有大量艾滋病病毒，具有很强的传染性，而其泪水、唾液、汗液、尿、粪便等在不混有血液和炎症渗出液的情况下含此种病毒很少，没有传染性。具体来说，艾滋病的传播途径主要有性接触传播、血液传播和母婴传播三种。

第一，性接触传播。

艾滋病病毒存在于感染者的精液及阴道分泌物中，通过性交（包括正常性交、肛交及口交）的方式在男性之间、男女之间传播。性接触传播是艾滋病感染的主要途径。在世界范围内，感染艾滋病病毒的成人每10人中有9人的感染是通过性交传播的，性伙伴越多，感染艾滋病的危险也就越大。而且，不论是在同性恋或是异性恋的性交，HIV的传播均可发生。

第二，血液传播。

感染者主要是通过输入被艾滋病病毒污染的血液及血制品，或使用了被艾滋病病毒污染而又未经严格消毒的注射器、针头而传播的，也可以通过使用受污染而又未经严格消毒的针器文身、穿耳、针灸、与患者和感染者共用剃须刀、牙刷等传播，或者移植了被HIV污染的组织、器官等都属于经血液传播。

第三，母婴传播。

母亲是艾滋病患者或感染者，在怀孕、分娩过程通过血液、胎盘或产后通过母乳将艾滋病病毒传播给胎儿或新生儿。已感染艾滋病病毒的妇女生育的孩子有1/3可能会从母体感染艾滋病病毒，大部分带有艾滋病病毒的孩子会在3岁以前死亡。

有相当一部分人在感染HIV病毒后，可在长达十年之内没有任何明显症状。但其血液、精液里仍含有病毒，并仍会传染给他人。所以没有症状不一定就没有受过感染。有些人在感染艾滋病病毒后会有某些症状，这些症状通常在感染后2～4周内出现，平均要在3个月之后才能由验血证实感染。

针对艾滋病不同的传播途径，男孩具体可采取以下措施来预防：

第一，预防艾滋病的性传播。

洁身自爱，避免发生性行为，尤其不要与不了解的、有过复杂性行为的异性发生性行为，不可避免发生性行为时要使用避孕套。

第二，预防艾滋病的血液传播。

不使用未经检测的血液及血液制品，避免去没有从医资格的诊所去输液、针灸等，不吸毒，不与别人共用刮胡刀、牙刷等一切容易带有别人血液的生活用具。穿耳或身体穿刺、文身或者任何需要侵入性的刺破皮肤的过程，都有一定的艾滋病病毒传播危险，男孩要尽量避免去做这些事情。

艾滋病的传播并非不可预防，男孩只要坚持做到了以上几点，就可远离艾滋病。

为什么不能拔胡须

男孩青春期问题：

似乎一夜之间，曹宇班里很多男孩的下巴上都长出了胡子，看来真的是“青春不饶人”啊！虽然有些已经成年的男孩子喜欢留胡子，可是对曹宇这些“毛头小子”来说，有胡子的脸可不是什么“好风景”。因为他和几个男孩的胡子都只是稀稀拉拉的几根，不像成年男人那么浓密紧凑，因而包括曹宇在内的几个男孩都很讨厌自己的胡子。

有一天，曹宇为了让自己的脸更美观，就找来一把镊子，拿起一面小镜子，照着下巴上的几根黑胡子就是一通乱拔，虽然有些痛，但看着“光洁如初”的脸面，曹宇还是欣慰地笑了：为了美，痛也值了。

一个细心的男孩发现曹宇的胡子不见了，就问他：“你的胡子怎么弄掉了？”

“用镊子拔掉了呗，那么几根胡子长在脸上‘有碍观瞻’，还是处理掉好。”曹宇得意地说。

“拔掉？这能行吗？疼不疼？”

“男子汉，这点痛怕什么。告诉你一个窍门，用镊子夹住胡子猛一下拔出来，就不会感觉那么痛了。”曹宇像导师一样“教导”着其他男孩。

爸爸送给儿子的密语

长胡须是青春期男孩第二性征的一个表现，它是男孩逐渐成熟的标志。有的男孩认为长胡须不好看，就用手或镊子一根一根地拔掉它，这是一种不良的卫生习惯和做法。

男孩的胡须是毛发的一种，在结构上同身体其他部位的毛发一样可分为三部分：露出皮肤外面的部分叫毛干，埋在皮肤里面的部分叫毛根，毛根末端膨大部分叫毛球。在毛球下端有毛乳头，毛乳头里含有神经末梢和血管，它供给毛发营养并接受毛发的感觉，毛根周围的袋状结构叫毛囊，它与附近的皮脂腺相通。只要有毛球、毛乳头和完整的毛囊存在，毛发就能再生。

拔胡子时不仅疼痛，而且拔掉的只是毛干、毛根，由于拔不掉毛球、毛乳头和毛囊，因此胡子仍然可以再长出来。拔胡子虽然拔不掉毛囊，却极易损伤面部皮肤、毛囊及相邻的皮脂腺，容易使得附在皮肤表面的细菌乘虚而入，引起毛囊和皮脂腺发炎。人的面部血液供应特别丰富，有很细密的血管网，胡须所在的部位正是医学上所说的“危险三角区”，发生在这个区域内的感染很容易扩散，引起更为严重的炎症。如果带菌的血液倒流入颅内，感染就会蔓延到颅腔内的海绵状静脉窦，有可能引起脑膜炎或脓毒败血症，危及生命。

因此，男孩不要乱拔胡子，但可以用干净的剪刀或剃须刀剪去或剃去胡子。因为青春期男孩的胡子不是一下子全部长出来的，而是一根根、稀稀拉拉地慢慢长齐。因此，男孩最初可以用干净的剪刀剪掉那几根胡须，但要小心不要伤着自己的面部皮肤。

一段时间之后，男孩的胡子可能就会长得比较浓密了，此时可改用剃须刀刮胡子。经常刮胡子是保持面部清洁卫生的好办法，也可以使男孩容光焕发。男孩要注意，用电动剃须刀刮胡子时，脸部应该是干的，而用刮胡刀刮胡子，一定要先清洁面部皮肤，并将胡须软化，以避免刮胡刀碰伤皮肤造成感染。

如果刮胡须时不慎将面部皮肤划破，可以用一点止血药，也可以用一小团干净的棉花使劲按住伤口两分钟。另外，男孩还要注意，为了防止艾滋病及其他可经血液传染的疾病，千万不要跟别人混用剃须刀。

青春期脱发是怎么回事

男孩青春期问题：

16岁的晓春有一头浓密黑亮的头发，偏分的刘海发型让他看上去更加帅气。他每天都会站在镜子前，用心地使用梳子梳理一下自己的头发，然后凝视着镜子里自己的形象孤芳自赏一会儿。

有一天，晓春偶然低头发现镜子前浅黄色的地板上散落着几根自己头上掉落的头发，他听说每个人都会掉头发，也就没有在意自己掉头发一事。可是后来，晓春发现自己的头发越掉越多，每次梳完了头，现地上、肩膀上都有掉落的头发，洗头的时候水盆里也会有一层头发，看得晓春很郁闷：头发掉这么多不会是得病了吧？这是怎么回事呢？

爸爸送给儿子的密语

人的头发有一个生长与衰老的周期，自然生理性的脱发其实每天都在发生。但有的青春期男孩会出现非正常的脱发，每天会掉很多头发，这是非生理性的脱发。

一般认为，连续三个月每天脱发在约80根以上，即可认为是不正常的脱发，或是很明显能看到头发只脱不长，也可认为是不正常的脱发。青春期是激素分泌旺盛的时期，也是身心变化剧烈的时期，因而青春期男孩脱发也不少见。

脱发的原因有很多，有的是遗传原因；有的与营养和不良的生活方式有关；有的与精神情绪紧张或突然的精神刺激有很大关系；还有的是因为经常染发、烫发或梳洗头发的方式不正确，或者由以上几种因素综合影响。男孩在青春期时激素的分泌会大量增加，头发的生长也达到高峰期。另外，这个时期的男孩情绪上大多不稳定，加上很多人喜欢梳理时髦的发型，使用不好的洗发水，或者有不良的饮食习惯和生活习惯，因而容易造成脱发现象。另外，如果家中养宠物，男孩也容易受霉菌感染，造成头皮感染，出现脱发。

青春期脱发常常不是突发的，而是有一个渐进的过程。有脱发的情况，最好能请专业的皮肤科医师帮忙诊断，看是病理性还是生理性因素造成的，并采取有效措施预防脱发。

青春期男孩要防止脱发，要做到以下几点：

第一，保证充足的睡眠。

充足的睡眠可以促进皮肤及毛发正常的新陈代谢，而代谢期主要在晚上，特别是晚上10时到凌晨2时之间，这一段时间睡眠充足，可以使得毛发正常新陈代谢。反之，毛发的代谢及营养失衡都会导致脱发。

第二，避免过多损害头发。

染发、烫发和吹风等对头发都会造成一定程度的损害；染发液、烫发液对头发的影响也较大，使用次数多了会使头发失去光泽和弹性，甚至变黄变枯；日光中的紫外线也会对头发造成损害，使头发干枯变黄；空调的暖湿风和冷风都可成为脱发的原因；空气过于干燥或湿度过大对保护头发都不利。男孩要努力避免以上这些对头发有害的因素。

第三，正确洗头及梳头。

夏季可每周洗头3～7次，冬季可每周洗头1～3次，洗头时水温不要超过40℃，与体温37℃接近；不要用脱脂性强或碱性洗发剂，因为这类洗发剂易使头发干燥、头皮坏死；要选用对头皮和头发无刺激性的无酸性天然洗发剂，或根据自己的发质选用；不使用塑料梳子，最理想的是选用黄杨木梳和猪鬃头刷，既有助于去除头屑，又能按摩头皮，促进血液循环。如果头发干燥，易产生静电，可先用少量的水或护发素打湿头发，然后再梳头。梳头难梳通时，不要用力拉扯头发，这样可防止头发损伤和减少断发的产生。

第四，保持心理健康。

避免思虑过度、精神过度紧张，可经常进行深呼吸、散步、松弛体操等，或做一些自己喜欢的、感兴趣的娱乐活动，以消除精神压力和疲劳。

第五，加强营养。

从饮食中补充丰富的蛋白质、脂肪和维生素以及其他必需微量元素，以促进头发生长并使头发保持光泽而不易脱落。零食、汽水一类也要少吃、少喝，因为这些东西都可成为脱发的诱因。

总之，男孩要努力按照以上几点去做，减少脱发的发生，让自己的头发更浓密。

男孩子长高有诀窍

男孩青春期问题：

振国是个很帅气的小伙子，今年快15岁了，可他的身高只有不到160厘米，而爸爸身高却有180厘米，这让振国很疑惑："不是说身高可以遗传吗？可是我的身高增长怎么这么慢呢？振国希望自己长得高大健壮，就像那些篮球运动员们一样，拥有那样的身材才够酷、够男人。"

振国常常心想："男孩怎么着也要长到180厘米以上才算足够高大，才够帅，以后找女朋友的时候也才会让人家有安全感。拥有高大健壮的身材是我的梦想，可是我再过两三年就要步入18岁成年人行列了，身高还能长到那么高吗？有什么好办法可以让我长得更高呢？"

爸爸送给儿子的密语

青春期是人生的第二个生长高峰期，男孩在这一时期身高增长非常显著。每一个处于青春期的男孩都希望自

己长得高大，为了拥有更高大的身材，男孩首先要了解影响身高的因素，然后采取利于长高的有效措施。

青春期男孩长高的原因主要是骨骼的发育，其中影响最大的是下肢和脊柱的增长。在整个青春期，男孩平均每年可增高7～9厘米，长得快的可达10～12厘米，大约到23～26岁身高才停止增长。影响身高的因素有很多，主要有以下几方面：

第一，身高与遗传有关。据研究，人体的最终身高75%取决于遗传因素。也就是说，在一般情况下，父母身材高，子女身材也高；父母身材矮，子女身材也矮。

第二，身高与性成熟早晚有关。一般是生长突增发生较早的人，就较快达到终止点；较晚发生的，也较晚达到终点。因此，性晚熟的男孩常常比较高。

第三，身高与营养有关。从某种意义上说，身高是营养物质（特别是蛋白质）“堆砌”起来的。如果食物能提供足量的各种必需氨基酸，能加速蛋白质的合成，有助于全身各组织器官的生长发育，特别是骨骼和骼软骨的生长发育。此外，富含钙、磷、维生素等营养物质的食物，以及含有各种促进新陈代谢的B族维生素、E族维生素类食物，都有助于骨骼的充分发育，即骨骼的增长、增粗、增宽和骨皮质增厚。

第四，身高与睡眠有关。生物学家在研究内分泌腺分泌规律时发现，对少年儿童来说：睡得好长得高。这是因为，促进儿童成长的生长激素白天分泌较少，而在夜晚睡眠时则分泌较多。

第五，身高与体育锻炼有关。据调查，一年的体育锻炼就能使男孩的身高比不锻炼的同龄者多长1～2厘米。体育锻炼所以能促使身材长高，是因为锻炼可促进生长激素的分泌，可加强骨细胞的血液供应，而且对骨骼的增殖有良好的刺激作用。

第六，身高与精神因素有关。研究发现，精神上受过严重创伤的孩子生长发育迟缓，甚至会生长停滞。

男孩要抓住青春期这一身高增长的关键时期，把握好影响身高的可控因素。具体来说，需要从以下几个方面努力：

第一，注重营养补充。

营养是身高生长的关键，体格正常生长所需的能量、蛋白质和氨基酸、维生素，以及骨的生长所需的足量的钙、磷、锰和铁等，都必须由食物来提供。因此，男孩要注意补充这些有利于长高的营养素，做到所摄入的营养全面而足量。

第二，加强运动锻炼。

要想身材高大挺拔，切不可忽视体育锻炼。有专家研究发现，下面这些运动有助于长高：爬杆或爬绳梯、跳起摸高、伸展跳跃、引体向上、跳绳、跳皮筋、踢毽子、单杠悬垂摆动、游泳、排球、篮球等，这些训练可增加关节、韧带的柔韧性，有助于身高发育。但像举重、杠铃、铅球、铁饼等负重训练，不宜作为18岁以前青少年的经常训练项目。

第三，保持良好的精神状态。

过大的精神压力会造成人体的内分泌功能失调，使生长激素分泌不足，限制生长。因此，男孩在学习或精神压力过大时要学会放松自己，努力不被各种消极的情绪所影响，要及时宣泄不良的情绪，保持良好的精神状态。

第四，保证充足的睡眠。

充足的睡眠也很关键，青春期男孩要保证每天不少于8个小时的睡眠，更重要的是要保证良好的睡眠质量。为此，男孩睡前不要过于激动兴奋，不要胡思乱想，最好在晚上10点前入睡，保持正确的睡眠姿势，不趴着睡觉。

此外，一些慢性疾病，如慢性感染、慢性肝炎、慢性肾炎、贫血等均可影响身高的生长，男孩要及时治疗这些慢性疾病。

努力做好了以上几点，男孩长高就不再是难以企及的目标了。

如何防治少年白发

男孩青春期问题：

这两天全校在召开春季运动会，志远和班里没有运动项目的同学坐在看台上当拉拉队员。他们每人手拿一面小红旗，一边挥舞一边不时高喊：“初二三班的同胞们，加油啊！”

就在这时，志远身后的男生用手捅了捅他，开玩笑地对他说：“哎，志远，我发现你老了啊，不会是活到头了吧？”

“什么老了啊？咋这么说话呢？”志远有些生气。

“真的啊。哎，你别动。”那个男生突然一手摁住志远的头，一手用力揪下了他的一根头发。

“我说你揪我的头发干什么？真是闲着没事干。”志远抱怨道。

“你看，你有白头发了，这不就是老了吗？”那男生递给志远一根白头发。

“真的啊，帮我看看还有没有？”

“不看不知道，一看吓一跳。你头上怎么这么多白头发啊？”那个男生不住地用手拨拉着志远的头发，发现了很多白发。

“这是怎么回事呢？”志远有些不明白：怎么自己小小年纪就有了白头发呢？不会是提前衰老吧？

爸爸送给儿子的密语

所谓“少年白发”是指在青少年时期头发就过早地变白，表现为一些白发夹杂在黑发中成花白状，这是一种病态。

青少年白发的原因现在还不十分清楚，目前认为与遗传、精神因素、内分泌失调和营养缺乏等因素有关。

人头发的颜色是由头发内髓质中所含的黑色素颗粒的多少决定的，而色素颗粒来源于毛发乳头部位的色素细胞，色素细胞生长色素的多少和神经、内分泌、血液循环和营养有密切关系。现代医学研究证实：忧愁、紧张、焦虑等往往是出现白发的重要诱因；营养的缺乏也可以造成头发早白，长期缺乏维生素，如维生素B_1、维生素B_2、维生素B_6等可使毛发色素颗粒减少，某些微量元素的失调，如铜少镍多也可使毛发变白；头皮局部血液循环障碍，使毛发乳头营养供给减少，影响色素细胞生成色素颗粒，也会使毛发变白；一些慢性疾病，如结核、恶性肿瘤、胃肠病等长期消耗，造成体质衰弱，营养不良，使头发得不到足够的营养，头发也容易变白。

少年白发的原因也是多方面的，其发生的迟早、多少和进展的快慢因人而异。青春期男孩要预防和治疗白发，可从以下这些方面着手：

第一，科学洗发。

要定期洗头发，一般每周1～2次，夏季适当增加次数。洗发的水宜用含矿物质不多，对毛发无刺激的软水，水温以接近体温为好。洗头发后，不要湿着头发睡觉，这样易受风寒，导致早生白发。

第二，加强营养。

平常多吃富含维生素的豆类、蔬菜、瓜果、杂粮，以全面摄取生成黑发的营养素。各种动物肝脏含铜元素较多，西红柿、土豆、菠菜中也含有一定量的铜、铁等微量元素，应适当食用。因缺乏维生素而致白发者，亦可在医生指导下服用维生素B_2、维生素B_6和复合维生素等药物。

第三，放松心情。

如果精神过于紧张、焦虑，会导致大脑中茶酚胺释放增加，使酪氨酸酶活性降低，从而影响黑色素的代谢，使头发中的黑色素合成减少，易生白发。因而，男孩平常要放松心情，保持乐观、愉快的情绪，避免过度紧张、焦虑。

第四，勤梳头发。

勤于梳头，既能保持头皮和头发的清洁，又能加速头部的血液循环，增加毛发的营养输送，从而达到防止头发变白的效果。

第五，按摩头皮。

为了防治白发，可坚持在早晨起床后和临睡前用食指与中指在头皮上画小圆圈，并按一定方向揉搓头皮，每次按摩1～2分钟，并逐渐增加到5～10分钟。按摩头皮可加速毛囊局部的血液循环，使毛发乳头得到充足的血液供应，这样，毛根部的色素细胞营养得到改善，细胞活性增强，分裂加快，有利于黑色素分泌，使头发变黑。

做到了以上几点，男孩就会很容易避免过早地生出白发，拥有乌黑亮泽的漂亮黑发。

如何保护好自己的视力

男孩青春期问题：

小景已是个初二大男孩了，他很聪明，学习成绩也不错，总保持在班级前五名，可他很贪玩。马上就要进行期末考试了，小景才恍悟自己这个学期没怎么认真学习。在意识到这一点后，他就"悬崖勒马"，开始争分夺秒地学习，每天班里到校最早的是他，走得最晚的也是他，很多时候他还常常熬到半夜十一二点钟。经过一个多月的刻苦学习，小景在期末考试中终于又重新回到了班级前五名的位置。

考试刚结束，小景又彻底松懈了学习，他在网络上"退出江湖"数月后，又再次回到了CS的"战斗"中，整日整夜地泡在网上玩游戏。

可是近几天，小景越来越感到自己的眼睛酸涩难受，有时还有胀痛的感觉，老是流眼泪，看电视的时候，觉得屏幕上的字幕模模糊糊看不清楚。以前在同样远的距离看电视，他可是看得清清楚楚的。小景开始担心了："我的眼睛是不是出了毛病？这可怎么办？"

爸爸送给儿子的密语

男孩在青春期时，眼的生理功能和组织结构与其他时期有不同的特点，此时，他们的眼睛调节力强，球壁伸展性较大，视觉还没有完全发育成熟。这一时期男孩如果不注意用眼卫生，很容易导致视力疲劳，造成视力下降，引发近视及其他视力问题，给自己以后的生活、学习、工作等都带来诸多不便。

因此，青春期男孩一定要注意用眼卫生，保护好自己"心灵的窗户"，保护好视力。要保护好视力，可从以下几方面入手：

第一，养成良好的作息和生活习惯。

按时学习、休息，生活要有规律，不熬夜，保证充足的睡眠。要经常锻炼身体，多进行一些户外活动，保持良好的身体状态，平时坚持做眼睛保健操，每天1～2次，这有利于减轻视力疲劳。

第二，培养良好的用眼习惯，注意用眼卫生。

看书时身体要坐正，眼睛和书本保持约33厘米的距离，连续读书、写字50分钟左右，要休息5～10分钟，让眼睛看看远处的绿色景物；不要在光线过强或过弱的地方看书写字，保证室内充足的光线和照明，不要躺着或在摇动的车厢内看书。

第三，要保持足够的营养。

不偏食、不挑食、不暴饮暴食，多吃水果、蔬菜，少吃糖，尤其要保证对眼睛有益的营养素的食物摄入，补充有利于维持正常视力的营养物质，比如多吃富含维生素A、DHA等的胡萝卜、西红柿、深海鱼等食品，要避免铬、钙等微量元素的缺乏。

第四，要定期检查视力。

定期检查自己的视力，一旦发现视力下降，就要及时到医院就诊，预防近视。青少年最初近视往往是假性近视，而假性近视可以通过治疗得以恢复，真性近视则难以恢复，应及时佩戴眼镜加以矫正，防止视力进一步下降。

第五，注意看电视、用电脑的时间不要过长，距离不要过近。

每次看电视、用电脑时间不可过长，约1个小时要远眺一会儿。距离电视机、电脑也不宜过近，距电视屏幕须在3米以上，距电脑屏幕最好在50～60厘米以上为宜。另外，电视、电脑屏幕要设置成柔和的有利于眼睛的颜色和亮度，画面的亮度和颜色不可过于刺眼。

总之，男孩只要从以上几个方面加以注意，就会保护好自己的一双眼睛，远离近视等各种视力问题。

预防龋齿，从现在开始

男孩青春期问题：

晓华从小在姥姥家长大，从他读小学的时候起，姥爷和舅舅就一起做起了糕点生意，他们自己烘烤、自己售卖。而晓华得天独厚得以经常吃到各种糕点，他也逐渐喜欢上了吃糕点。那时，因为吃糕点过多，晓华的几颗牙齿成了“虫牙”，姥姥姥爷于是就限制他吃糕点，可是晓华总是不听。

如今，晓华已上了初中，是个大孩子了，可他还像个“小馋猫”，每次寒暑假一定要到姥姥家去，而去姥姥家的目的主要就是去吃糕点。现在，姥爷做的糕点越来越好吃了，晓华每次闻到糕点的香味就更加控制不住自己，到了姥爷家就一次吃个够。在他看来，除了糕点，几乎没有什么东西是好吃的了，他常常吃糕点吃得连饭都不吃了。

慢慢地，晓华开始经常感到牙疼难忍，张开嘴巴，他发现自己的牙齿又黑又不整齐，而且“虫牙”越来越多了，他这才慌了。

爸爸送给儿子的密语

青春期男孩的牙齿还没有完全发育成熟，如果不注意口腔卫生和饮食卫生，很容易出现牙齿疾病，龋齿就是青少年中很常见的一种牙齿疾病。

龋齿是指牙齿硬组织中的无机物脱落，有机物分解，从而造成牙体组织缺损的一种慢性疾病，俗称“蛀牙”、“虫牙”。龋齿的发生与细菌、饮食、内分泌、遗传、口腔卫生等多种因素有关。龋齿可严重影响人的进食、消化、发音、美观以及心理健康，因而男孩要学会预防龋齿：

第一，少吃甜食。

大量研究表明，糖的摄入量、摄入频率及糖加工的形式与龋齿的发生密切相关。糖的加工方式，如有黏性、易存留在牙齿上的奶糖类，都很容易导致龋齿。吃糖越多，患龋齿的机会就越多，尤其是喜欢吃糖的青少年，更容易患龋齿。因此，男孩要严格限制各种甜食，如糖果、蛋糕、蜜饯、蔗糖等甜食一定要少吃。

第二，注意合理饮食。

食用粗糙的食物需要较大的咀嚼力，容易将牙面洗刷清洁，食物残渣和细菌不易停留在牙面上，因此，男孩可多食粗糙和纤维素丰富的耐磨食物，并充分咀嚼。另外，饮食种类要广泛，不可偏食，多吃含有磷、钙、维生素类的食物，如黄豆和豆类制品、肉骨头汤、小虾干、海带、蛋黄、牛奶和含有大量维生素与矿物质的新鲜蔬菜及水果等，多吃含氟食品，如牛奶、胡萝卜、鸡蛋、茶叶等，氟是一种有益于牙齿的物质，人体缺氟容易患龋齿。

第三，养成良好的口腔卫生习惯。

平时要注意口腔卫生，每次饭后要漱口，起床后、睡前要刷牙，将残留在齿缝里的食物清除干净，以免滋生的细菌腐蚀和损害牙齿。尤其是睡前刷牙更为重要，可以减少食物残渣的存积和发酵。

第四，定期检查口腔，要及时修补龋齿。

口腔科医生认为，青少年每半年进行一次口腔检查是十分必要的，因而男孩要定期检查口腔。另外，龋齿越早治疗效果越好，如果不及时治疗，牙齿龋坏后可造成疼痛、牙齿缺失，严重时可发生牙髓坏死等现象。早期的龋齿不易被发现，甚至平时没有疼痛感，但如果出现食物易嵌塞、遇冷热酸甜易牙痛、牙齿变色等现象时，都提示有蛀牙的可能，应尽早到口腔科检查。

相信通过以上努力，男孩就容易拥有一口洁白健康的好牙齿，避免龋齿的侵扰了。